# Sentimentos, valores e espiritualidade

**Dados Internacionais de Catalogação na Publicação (CIP)**
**(Câmara Brasileira do Livro, SP, Brasil)**

Benzecry, Daniela
  Sentimentos, valores e espiritualidade : um caminho junguiano para o desenvolvimento espiritual / Daniela Benzecry. – Petrópolis, RJ : Vozes, 2016.

  Bibliografia
  ISBN 978-85-326-5221-8

  1. Emoções  2. Espiritualidade  3. Jung, Carl Gustav, 1875-1961  4. Mente e corpo  5. Sentimentos  6. Valores I. Título.

16-00345                                              CDD-152.4

Índices para catálogo sistemático:
1. Sentimentos : Psicologia      152.4

# DANIELA BENZECRY

# Sentimentos, valores e espiritualidade

Um caminho junguiano para o desenvolvimento espiritual

EDITORA VOZES

Petrópolis

© 2016, Editora Vozes Ltda.
Rua Frei Luís, 100
25689-900 Petrópolis, RJ
www.vozes.com.br
Brasil

Todos os direitos reservados. Nenhuma parte desta obra poderá ser reproduzida ou transmitida por qualquer forma e/ou quaisquer meios (eletrônico ou mecânico, incluindo fotocópia e gravação) ou arquivada em qualquer sistema ou banco de dados sem permissão escrita da editora.

**Diretor editorial**
Frei Antônio Moser

**Editores**
Aline dos Santos Carneiro
José Maria da Silva
Lídio Peretti
Marilac Loraine Oleniki

**Secretário executivo**
João Batista Kreuch

*Editoração*: Gleisse Dias dos Reis Chies
*Diagramação*: Sandra Bretz
*Capa*: Renan Rivero
*Imagem da capa*: Pintura da "Senhora X", paciente de Jung, retratando a evolução do processo de individuação. In: JUNG, C.G. *Os arquétipos do inconsciente coletivo*. 11. ed. Petrópolis, Vozes, 2014 [OC 9/1], caderno iconográfico, quadro 5 (Detalhe).

ISBN 978-85-326-5221-8

Editado conforme o novo acordo ortográfico.

Este livro foi composto e impresso pela Editora Vozes Ltda.

*O mundo externo é apenas reflexo do mundo interno.*

A. Einstein

*E amarás ao eterno, teu Deus, com todo o teu coração, com toda a tua alma e com todas as tuas forças* (Dt 6,5) *e amarás ao teu próximo como a ti mesmo*
(Lv 19,18).

Aos meus pais, Vera e Roberto, cujos exemplos são as fontes de meus valores.

# Agradecimentos

Agradeço a Deus, princípio e fim de tudo.

Este livro foi concebido a partir do desejo de compartilhar ideias e valores. Ele ganhou forma e pôde ser parido, devido, além do interesse da Editora Vozes, ao estímulo de meu pai Roberto M. Benzecry, à cooperação de meu marido Walter Souza e de minha mãe Vera H. Benzecry, ao incentivo do meu irmão Carlos Werner Benzecry e de Daniela Soares Domingues, ao apoio do Professor Walter Boechat e à confiança das professoras Dulcinea da Mata Ribeiro Monteiro, Lygia Aride Fuentes e Maria Lúcia Lorêdo Abreu Jorge. Agradeço a cada um deles e a Deus por fazê-los presentes em minha vida.

Grata.

# Sumário

*Ao leitor*, 11
*Prefácio* – O resgate da espiritualidade pelos sentimentos, 23
1 Introdução, 29
2 Funções psicológicas e sentimento, 37
3 Emoção e sentimento, 48
4 Sentimento, comportamento (escolhas) e visão de mundo, 75
5 Valores transcendentes, espiritualidade e visão de mundo, 98
6 Visão de mundo unilateral, conflito e visão de mundo ampliada, 111
    a) Visão de mundo unilateral, 114
    b) Conflito, 122
    c) Visão de mundo ampliada, 127
7 A escuta dos sentimentos, 150
8 Sentimentos, corpo e relação mente-corpo, 171
9 Consciência moral, 201
10 Sentimentos, valores e espiritualidade, 213
11 Palavras finais, 237
*Referências*, 241

# Ao leitor

Este livro nasceu de um incômodo: a forma como grande parte da sociedade lida com os sentimentos; negligenciando-os, responsabilizando os outros e as circunstâncias por eles, medicando-os ou vitimando-se, em vez de escutá-los e aproveitá-los como uma oportunidade de autoconhecimento e de crescimento.

Não é à toa que esta mesma sociedade queixa-se de seus valores sem se implicar e anseia por uma busca espiritual, pois sentimentos, valores e espiritualidade são relacionados.

A fim de estimular a atentar e lidar mais apropriadamente com os sentimentos e poder colocá-los a serviço da espiritualidade e da renovação dos valores, este livro é composto de duas partes alternadas, uma de fundamentação teórica e outra de sugestões práticas.

Se você estiver disposto a praticar, já pode ir separando uma caneta e um caderno ou uma agenda. A proposta será ter um material de trabalho para o autoconhecimento e para o desenvolvimento espiritual em direção ao encontro do bem-estar e da paz de espírito a partir de dentro. Eles serão a meta a incentivar uma jornada para dentro.

Não se pretende realizar uma terapia do sentimento, mas aproximarmo-nos de nós mesmos e da totalidade a partir dos sentimentos, tendo em mente que o ser humano é mais do que seu sentimento.

Os sentimentos estão interferindo o tempo todo em nossas preferências, escolhas e julgamentos. Frases como "gostei de cara" e "nossos santos não bateram" refletem julgamentos e podem ser frutos, respectivamente, de simpatia e da antipatia, isto é, de sentimentos. A expressão "A primeira impressão é a que fica", com frequência, também se trata de um julgamento pelo sentimento.

O sentimento é julgamento. Estranhou? Interrompa a leitura por uns instantes. Pegue uma revista ou um jornal que estiver ao alcance e olhe para algumas fotos... Pronto! Sentiu atração por algumas e repulsa por outras? Então você julgou pelo sentimento. Percebe como, se eu tivesse pedido para escolher três daquelas fotos, o sentimento teria influenciado? Como e por que, tentarei explicar ao longo do texto.

Nossos gostos passam por nossos sentimentos. Você já reparou a influência de seus sentimentos, cotidianamente, na hora de se vestir? É possível que sim. As mulheres costumam dizer: "Nada como se arrumar para melhorar o astral". Mas, às vezes, estamos tão mal, que escolhemos roupas mais desleixadas sem outras motivações. O sentimento não é o único determinante na hora de se vestir, mas ele atua às vezes, indiretamente, nos nossos gostos, por querer passar certa imagem, e, quanto mais desatentos a eles estivermos, mais eles influenciam.

Mesmo que não reparemos, os sentimentos são atuantes nas nossas escolhas e comportamentos, então, por que não começarmos a tomar consciência deles em vez de reprimi-los e negá-los, ou de nos deixarmos ser subjugados a eles sem percebermos?

Você já notou que a mesma característica de alguém que o irrita pode ser agradável para outra? O que isso significa? Como isso pode auxiliar no autoconhecimento e no desenvolvimento espiritual? Veremos ao longo do livro. Mas, antes, sugiro anotar no caderno ou agenda aquelas características de pessoas que lhe vierem à mente, as que irritam e as que agradam. Calma... Não é para justificar-se com argumentos conceituais. O nosso objetivo será buscar as razões do coração.

O coração tem suas razões! Quem não já disse ou ouviu falar isso? Como razões? Pois é, o sentimento é racional, porém as suas razões diferem das do pensamento lógico. Geralmente, não há argumentação lógica capaz de mudar um sentimento, pois apenas mudando as razões do coração é que o sentimento se transmutará. Na parte teórica do livro isso será explicado e, de posse deste conhecimento, aumenta-se a possibilidade de ser, voluntariamente, mais fiel às razões pessoais ou modificá-las.

Estudar os sentimentos leva-nos a apropriarmos de nossas vidas mais conscientemente, a nos percebermos como autores e não vítimas e, como autores, a podermos transformá-la, começando por uma transformação interna. A partir da escuta dos recados dos sentimentos, podemos chegar a encontrar a paz de espírito.

Para aprimorar a escuta dos sentimentos, este livro propõe-se a oferecer uma fundamentação teórica com os intuitos de promover uma mudança na forma como enxergamos e lidamos com nossos sentimentos, de incentivar o autoconhecimento e a autorrealização a partir dos sentimentos e de criar condições para instrumentalizar o leitor para a prática.

As ideias desenvolvidas foram baseadas nas obras de C.G. Jung, de alguns autores junguianos e nas publicações do neurocientista António Damásio (2004 e 2011). O sentimento aqui tratado é o denominado por Damásio (2011) de sentimento emocional. O uso de duas teorias, uma na área da psicologia – portanto, tratando principalmente da mente – e uma na área da neurociência – portanto, partindo da observação do cérebro (corpo) – para fundamentar as ideias apresentadas, deve-se ao desejo de demonstrar como ambas confluem para os mesmos pontos: a inseparabilidade entre corpo e mente, a existência de um paralelo entre o fisiológico e o espiritual – entre corpo e espírito –, e mais, a Vida revelando-se como o valor biológico e também como o valor espiritual.

Tanto na neurociência quanto na psicologia existem várias teorias e autores. Damásio e Jung foram os escolhidos para guiarmo-nos pela empreitada que ligará a biologia à espiritualidade.

Para quem não está familiarizado com a obra de Jung, cabe explicar que Jung ocupa-se, em sua teoria, da dimensão espiritual do ser humano e vê na crescente ampliação da consciência o sentido da existência humana.

As teorias servem para consubstanciar o que muitas pessoas observam em suas vidas particulares, e muitos médicos e terapeutas em suas vivências clínicas, e o que muitos místicos, religiosos e espiritualistas afirmam.

O livro é também uma tentativa de nomear e destrinchar certos conceitos que repetimos, às vezes, sem atentar para o seu significado mais profundo. Quais? O amor, o caminho do meio, o importante é Ser, por exemplo. O restante, deixo para o leitor dizer.

A fim de melhor ilustrar as ideias expostas, no decorrer do texto, são apresentadas algumas observações oriundas da prática clínica em psicologia profunda e da homeopatia, reflexões decorrentes das alterações observadas em drogaditos na dependência ativa e na fase de recuperação e do estudo do Programa de Doze Passos dos grupos anônimos de ajuda mútua.

O objetivo final deste livro é relacionar a função sentimento e o seu conteúdo, os sentimentos com a espiritualidade, a fim de incentivar o leitor a assumir e escutar os seus sentimentos e a utilizá-los como meio para o autoconhecimento e desenvolvimento espiritual.

Entende-se como desenvolvimento espiritual a progressiva ampliação da consciência, encontrando nela o sentido da vida, ou, dizendo de outro modo, é tornar a vida significativa na medida em que a consciência individual expande-se. É investir no Ser.

Em uma visão junguiana, o desenvolvimento espiritual corresponde ao progressivo tornar-se a *Si-mesmo* pela integração à consciência do arquétipo[1] da totalidade – também definido como o arquétipo divino e denominado de *Selbst* ou

---

1 Arquétipos são *categorias herdadas* originadas em épocas remotas da humanidade, que existem virtualmente como organizações de padrões de relações, representando meramente a possibilidade de certo tipo de ação e percepção (são formas sem conteúdo). São caminhos virtuais herdados contidos no inconsciente coletivo (JUNG, OC, vol. 7/2, § 219-220).

*Si-mesmo*[2] – sem se perder a individualidade. Em uma linguagem religiosa, isso equivale ao exercício de desenvolvimento e encarnação do *deus interior*.

Segundo Jung, "nosso ser tem sede [...] pela totalidade, expresso na linguagem medieval: a união com Deus" (*Spiritus contra Spiritum*, 1994: 13). Há uma ânsia pela totalidade e plenitude no ser humano. Ainda de acordo com Jung, a correta restituição à totalidade deve ser vivida na realidade presente em um caminho que leve a um entendimento superior e pode se dar por três vias: (1) através de um momento de graça, (2) por um contato honesto e pessoal com outras pessoas e (3) através da educação mais elevada da mente.

Não é alvo deste livro discutir os meios pelos quais uma sensação de pertencimento e de sentido da vida (*Religare*) pode ser experimentada, nem a forma dela se manifestar, nem descrever como as diferentes funções da consciência podem participar dessa experiência.

A experiência espiritual aqui descrita não é uma que costuma ser súbita e vivida como um despertar espiritual e, geralmente, associada ao *insight* religioso e à graça, mas à experiência que, na maioria das vezes, é gradual, com trabalho, passa por dores e conflitos e requer a educação. Paulatinamente, ela

---

2 *Si-mesmo* é a tradução adotada para *Selbst*. Alguns autores junguianos traduzem *Selbst* por *Self*. Porém, aqui se preferiu o termo *Si-mesmo*, entre outros motivos, para se evitar confusão com o termo *Self* usado por outras correntes da psicologia (inclusive com o *Self* usado por Damásio, em suas obras.). O *Si-mesmo* abrange todos os fenômenos psíquicos do homem e expressa a unidade e a totalidade da personalidade global, entretanto, como sempre haverá conteúdo inconsciente, ele nos ultrapassa; é transcendente. O *Si-mesmo*, interagindo com o ego (centro da consciência), coordena o processo de individuação pelo qual a personalidade individual singular vai sendo desvelada.

resulta na transformação do indivíduo, em uma mudança profunda na relação do indivíduo com a vida, nas suas crenças, valores, sentimentos e modos de pensar e agir. É a própria experiência da progressiva transformação no *Si-mesmo*, o arquétipo da totalidade e arquétipo divino, portanto, é o gradativo desabrochar de nossa natureza mais divina, o que vai ocorrendo ao longo da vida. A progressiva transformação no *Si-mesmo* é chamada de processo de individuação pelos analistas junguianos.

Nos capítulos iniciais são apresentadas algumas definições sobre as funções da consciência, os sentimentos e as emoções. Essas partes são mais teóricas, talvez menos palatáveis aos poucos acostumados com a linguagem dos psicólogos, porém necessárias para apresentar os conceitos que fundamentam os capítulos seguintes. Por isso, eles estão no início. Mas, não se precisa começar por eles.

Como aprendi com a minha professora de Literatura no Ensino Médio (Silvia Bedran) e sou eternamente grata: o livro pertence ao leitor. Ele pode ler do jeito que quiser, pode ir e vir, pode pular, pode ter uma relação lúdica com o livro, pode usar para provocar a reflexão, para responder questões ou para criar novas questões... o importante é ler e, lendo, ser de alguma forma tocado, mobilizado e, melhor ainda, se for transformado.

Caso o leitor prefira, ele pode, por exemplo, ir direto para o cap. 7: "A escuta dos sentimentos" ou o cap. 4: "Sentimento, comportamento (escolhas) e visão de mundo", mais próximos à vivência cotidiana do que teóricos para, assim, atiçar a curiosidade sobre as definições iniciais, ou começar pelo último capítulo para depois retornar ao início movido pelo questionamento de por que a autora faz determinadas afirmações, ou como chegou a certas conclusões. Instigando-se a curiosidade aumenta-se o interesse e a atenção durante a leitura.

A "Introdução" é um convite a mergulhar-se no tema do livro.

No cap. 2: "Funções psicológicas e sentimento", define-se função psicológica ou da consciência e as suas quatro subdivisões, estendendo-se mais na função sentimento, a responsável pela valorização. A fim de ir facilitando o entendimento da referência à função sentimento da consciência e ao sentimento distintamente, observe o exemplo do médico. Um médico tem várias funções: escutar, inquirir, examinar, diagnosticar, cuidar, prescrever, aconselhar etc., que são modos de atuar (ações). A escuta, o exame, o diagnóstico, a prescrição etc. são conteúdos ou resultados das ações. Igualmente, a consciência tem modos de atuar, entre eles a função sentimento, cujo conteúdo é o sentimento.

No cap. 3: "Emoção e sentimento", discorre-se sobre o que são as emoções e os sentimentos distinguindo-os e correlaciona-se algumas conclusões da neurociência com as ideias de Jung.

No cap. 4: "Sentimento, comportamento (escolhas) e visão de mundo", a partir das observações de que diferentes pessoas sentem (vivenciam) a mesma situação diferentemente e agem ou reagem a ela de formas distintas, e de que os sentimentos e as emoções interferem decisivamente nas nossas escolhas, portanto, nos nossos comportamentos, buscou-se o que estaria por trás das diferentes vivências. Conclui-se ser a visão de mundo de cada pessoa. A visão de mundo, por sua vez, é determinada e determina os valores da pessoa; valores os quais são a base para os diferentes sentimentos.

No cap. 5: "Valores transcendentes, espiritualidade e visão de mundo", versa-se sobre a importância da relação com valores transcendentes para dar-se significado à existência; o sentido da vida é interpretado como sendo uma questão de ordem espiritual, respondendo ao que Jung chamou de instinto para a religiosidade, e relacionado ao processo de individuação, logo, à progressiva ampliação da consciência.

No cap. 6: "Visão de mundo unilateral, conflito e visão de mundo ampliada", disserta-se sobre a visão de mundo unilateral, também chamada de estreita, sobre a ampliada e sobre o conflito criado quando a visão é unilateral e cuja resolução culmina numa visão ampliada associada a uma consciência mais expandida.

Em "A escuta dos sentimentos", alguns sentimentos (como culpa, decepção, medo...) são mencionados para exemplificar o que significa escutá-los para aprender sobre si mesmo e transformar-se, e são descritos meios de melhor direcionar os sentimentos negativos.

No cap. 8: "Sentimentos, corpo e relação mente-corpo", discorre-se sobre a relação entre os sentimentos – um fenômeno primariamente mental –, o corpo e sobre as reflexões a respeito da relação mente-corpo que derivam daquela relação. Entre elas, a observação de que o corpo participa e está incluído no processo de individuação. Este é entendido como o sentido último da vida e associado à dimensão espiritual do ser humano.

A partir de reflexões oriundas do estudo dos sentimentos, no cap. 9: "Consciência moral", a crescente ampliação da consciência é descrita como correspondendo ao desenvolvimento de uma consciência moral.

Finalmente no cap. 10: "Sentimentos, valores e espiritualidade", as ideias anteriormente detalhadas são condensadas e utilizadas para se descrever como o sentimento – sinalizador de complexos afetivos inconscientes, relacionado a diferentes visões de mundo, com seus respectivos valores, e denunciador de conflitos – pode auxiliar no processo de individuação, logo, no desenvolvimento espiritual, o papel dos valores transcendentes nesse processo e os papéis do instinto para a religiosidade para a preservação da vida como um todo e para a crescente ampliação individual e coletiva da consciência. Conclusões referentes à provável unidade mente-corpo e o desenvolvimento de uma consciência moral também são realçadas.

Após a explanação teórica de cada capítulo (2 ao 10), são apresentadas algumas sugestões de prática para as informações transmitidas poderem ser vividas, facilitando a compreensão e auxiliando no autoconhecimento e em uma possível transformação. O propósito não é dispensar o trabalho junto a um terapeuta, mas estimular a auto-observação e a reflexão para cada um apoderar-se mais de sua própria vida. São sugestões e não regras a serem seguidas. Não precisa realizar todas nem se prender a elas. Esteja livre para criar os próprios caminhos.

Para facilitar a retomada da leitura entre um capítulo e outro, caso tenha sido interrompida, ao término dos capítulos intermediários (2 ao 10), as principais ideias desenvolvidas são sucintamente reapresentadas.

Neste livro, não são abordadas as implicações das variações individuais decorrentes do grau de diferenciação da função sentimento e da preferência individual por determinadas funções da consciência para se orientar definindo quais as funções superior, auxiliares e inferior de um indivíduo, nem se a função sentimento é extrovertida ou introvertida, isto é, não se considera as diferenças relacionadas à tipologia psicológica. Isso significa que as sugestões práticas dadas são gerais e não levam em conta as diferenças individuais relativas ao modo como cada pessoa utiliza a sua função sentimento. Essas diferenças podem aparecer na execução das sugestões, revelando a singularidade de cada pessoa, por isso não recomendo comparar com outros nem se preocupar em estar fazendo certo ou errado, mas em fazer o seu melhor possível. Não há certo ou errado, há você.

Boa leitura.

*Daniela Benzecry*

# Prefácio

## *O resgate da espiritualidade pelos sentimentos*

Daniela Benzecry tem uma formação profissional diversificada, como médica, psicoterapeuta, homeopata e analista junguiana. Tem ainda uma ampla experiência em grupos de ajuda para alcoólicos e drogaditos. O referencial teórico da autora torna-se assim amplo, e Daniela consegue conjugar de maneira inteligente as ideias da psicologia analítica de C.G. Jung com as postulações de neurociência do português António Damásio e ainda com os preceitos de homeopatia de Samuel Hahnemann. Neste livro pode-se perceber a emergência dessas diversas abordagens, convergindo para uma visão eminentemente afetiva e sensível do ser humano.

A cultura contemporânea fascinada pela hipertecnologia da modernidade perdeu contato com os sentimentos. Qual o caminho para resgatá-los? A falta de contato genuíno com os sentimentos está na origem da sociedade fria e narcisista, afastada de valores humanos essenciais. C.G. Jung apontou caminhos para uma reaproximação desses valores perdidos. A participação de Jung na fundação do Grupo dos A.A. tornou-se recentemente mais conhecida. O paciente de Jung, Roland H., alcoólico, tinha diversas recaídas durante a análise, o que levou Jung a dizer a ele que não teria saída em sua dependência nem cura "a não ser que tivesse uma experiência espiritual significativa, uma verdadeira conversão". Mais tarde, o paciente teve contato com conhecido fundador dos Grupos A.A., Bill W. (William Wilson) em Nova York. A influência desse paciente na elaboração dos Doze Passos dos A.A. foi importante: o segundo passo recomenda que o paciente tenha a "crença em um poder superior" e cultive a experiência religiosa (sem necessariamente estar pertencendo a qualquer credo). É famosa a correspondência de Bill W. com Jung. Em resposta à carta de Bill W., Jung justifica sua ênfase na espiritualidade no tratamento da dependência. Escreve que a palavra latina *spiritus* é usada para designar a bebida alcoólica (*spirits* em inglês ou a *bebida espirituosa* em português) como também é referida aos mais elevados sentimentos espirituais da alma. E conclui dizendo que o motor na abordagem das dependências é: *spiritus contra spiritum;* isto é, a experiência espiritual genuína em lugar de um êxtase postiço das drogas ou do álcool.

Essa associação da espiritualidade e de bebidas alcoólicas aparece mesmo em costumes que remontam de forma surpreendente à antiguidade. O deus grego Dioniso, "deus do êxtase e do entusiasmo" é também o deus do vinho e a vinha é uma de suas representações mais frequentes. Há o hábito brasileiro de lançar a primeira dose de cachaça ao chão seguindo-se a exclamação: "A primeira dose é para o santo!" Esse hábito tem também raízes nos *rituais de libação* da antiguidade greco-romana, quando a primeira dose da bebida era lançada ao solo em oferenda aos *deuses Lares*, os protetores da casa e da família.

Esses símbolos, rituais e imagens denominados *arquetípicos* por Jung, pertencem ao ilimitado reservatório do inconsciente coletivo da humanidade. Jung sempre defendeu que as raízes da neurose tanto individual como coletiva repousam na *dissociação*. E a dissociação está presente de forma tristemente frequente em nossa cultura, sujeita ao bombardeio de estímulos, visando a gratificação dos desejos a qualquer preço. Isso nos leva a nos perdermos em nossas máscaras e em nossas superficialidades, esquecendo nossos valores essenciais.

O caminho de volta para essas raízes originais de nossa verdadeira identidade não é simples. Daniela toca nessas dificuldades de forma sensível, sugerindo que o caminho a ser trilhado é pela sensibilidade e pelos sentimentos. A organização de seu livro revela sua preocupação com a clareza, com o entendimento do leitor e aplicação prática dos conceitos desenvolvidos. Ao final dos capítulos, são colocadas duas seções: "Da teoria à prática – Sugestões" e "Resumo das principais ideias". Na primeira são exemplificadas situações cotidianas nas quais se poderiam viver os conceitos descritos, na última ocorre uma síntese das ideias desenvolvidas como uma recapitulação didática. Não é comum encontrarmos em autores a preocupação com o entendimento e assimilação de ideias pelo leitor. Dessa maneira a autora põe em prática um princípio seu que expõe na introdução: "O livro pertence ao leitor".

O eixo do livro de Daniela Benzecry é um caminho de diferenciação do que é emoção, sentimento, espiritualidade e como essas experiências estão interconectadas, embora diferentes. Seguindo os conceitos de Jung, a autora demonstra que a emoção é reflexa, tem enraizamentos corporais e está associada aos instintos, enquanto o sentimento é uma função psicológica valorativa, uma função que diferencia valores, o que é bom ou ruim para uma pessoa. Lembra o esquecimento dos sentimentos na cultura ocidental moderna, uma cultura que valoriza sobremaneira o pensamento e a sensação (a função sensorial) relegando os sentimentos a segundo plano. Isso levaria mesmo a Damásio escrever que "tratamos nossos sentimentos com comprimidos, bebidas, exercícios físicos e espirituais", como lembra Daniela.

Um melhor conhecimento de nossos sentimentos leva a uma maior intimidade com nossos valores e uma visão de mundo ampliada. Vivemos o que se convencionou chamar de sociedade do espetáculo, da gratificação a todo preço dos sentidos e do prazer sem um aprofundamento maior dos valores da vida e de um sentido maior para o ser no mundo. Um refinamento dos sentimentos seria a chave para uma maior intimidade com nossos valores e uma visão do mundo menos unilateral.

Os sentimentos mais diferenciados nos levam ao encontro do que Jung denominou o *processo de individuação*. Daniela associa esse conceito central do *opus* junguiano a uma visão de mundo mais ampla, menos unilateral. O indivíduo em processo de individuação terá uma relação mais íntima com o núcleo de seu ser, seu Si-mesmo. O Si-mesmo diferencia-se do ego, por representar o centro e ao mesmo tempo, a totalidade psíquica, enquanto o ego representa apenas o centro da consciência. Há várias metáforas para descrever o encontro com o Si-mesmo, como a da semente e o carvalho. A semente já contém, *in potentia*, a grande árvore, e nosso existir é um brotamento constante da semente em direção à maturidade da árvore. Ou em linguagem da parábola cristã: "O Reino dos Céus é como o grão de mostarda [...]" Jung lembra também o encontro com o Si-mesmo interior e as transformações na personalidade que esse encontro acarreta com a imagem: "o encontro com o Si-mesmo é sempre uma derrota para o ego".

De uma forma ou de outra, as religiões falam desse encontro fundamental. A psicologia de Jung, entretanto, representa uma bela articulação entre formulações espirituais com conceitos psicológicos através do modelo do arquétipo, conteúdo fundamental do inconsciente coletivo, disposição instintiva presente no inconsciente para se manifestar com determinadas imagens. Assim, o arquétipo do Si-mesmo seria o equivalente psicológico à crença universal na existência de um deus presente nas tradições de todos os povos em todos os tempos. Esse poder universal seria uma exteriorização de uma função psicológica fundamental que expressa a totalidade psíquica.

A formulação do conceito de Si-mesmo surgiu a Jung a partir de diversas experiências pessoais que encontraram ressonância em diversas tradições espirituais, mas principalmente a partir de ideias orientais do Vedanta. Por essa perspectiva do mundo, a experiência espiritual de Deus é fundamentalmente subjetiva. Estamos aqui longe do deus tradicional projetado em um céu exterior, um deus *ex machina* que interfere nos assuntos mundanos a partir de um empíreo transcendente. Entre os autênticos místicos ocidentais, ao contrário, a experiência subjetiva reaparece de forma intensa e genuína na espiritualidade de um Mestre Eckhart ou em São Francisco.

Mas naturalmente não só aos grandes místicos estão abertas as portas de encontro com o Si-mesmo interior, mas a todas as pessoas em seu cotidiano. É desse cotidiano de realização do processo de individuação que Daniela trata em seu livro. O processo de individuação é descrito por ela como uma passagem de uma visão de mundo unilateral, estreita, para uma visão ampla, que contempla valores transcendentes. A passagem de um estado a outro se dá necessariamente por um conflito. A visão do mundo parcial gerará necessariamente sentimentos negativos, a visão ampla contém sentimentos positivos. A existência do conflito é compreensível, pois não há crescimento psicológico sem um sacrifício, para a passagem de um estado anterior, unilateral, para um mais diferenciado. O tema do sacrifício (*sacer/facere*, tornar sagrado) é um tema arquetípico presente em todas as religiões e está ligado à transformação.

Somente com esse sacrifício a partir do conflito se chega à visão de mundo ampliada, como descreve Daniela. Dentro da nova visão abrangente o ego age em relação viva com o Si-mesmo, atuando dentro de uma perspectiva do amor incondicional, o *ágape* grego. Essa abordagem está em consonância com a perspectiva de Jung de que o sofrimento neurótico pode ter uma perspectiva criativa, trazer um sentido. Pois a neurose aparece quando o ego consciente está afastado de um padrão de integração que é dado pelo Si-mesmo ou totalidade. O sofrimento chama o indivíduo para um realinhamento com o Si-mesmo, e a existência ganha assim um novo sentido.

*Walter Boechat*

# 1
# Introdução

A observação do processo histórico da humanidade indica haver uma crescente ampliação da consciência junto à renovação dos valores coletivos para valores mais afinados à preservação da vida como um todo, ao amor a si mesmo e ao próximo, e que ainda temos muito que progredir, como disse Jung: "Provavelmente estamos muito longe ainda de ter alcançado o cume da consciência absoluta. Todo ser humano é capaz de ascender a uma consciência mais ampla" (JUNG, OC, vol. 7/2, § 292).

Esse processo de ascensão pode e deve ser traçado individualmente, o que é realizado, segundo Jung, através do processo de individuação, o progressivo tornar-se a *Si-mesmo*. Por ele, a personalidade se expande em direção à totalidade, a consciência individual é ampliada, abre-se para novos valores e o indivíduo vai se diferenciando do coletivo, resultando, não num isolamento, mas em abertura e aproximação do mundo e na criação, ou melhor, na revelação de novos valores para a sociedade. Cada pessoa, individualmente, transformando a consciência coletiva e o ser humano atuando como cocriador do universo.

A vida, no ser humano, teria uma finalidade, um objetivo futuro, que não se restringiria à sobrevivência pessoal e da espécie humana, à conservação material do ser humano, pois incluiria a criação do universo pela aquisição individual e coletiva de uma consciência progressivamente mais ampla. Seguindo este raciocínio, o ser humano seria dotado de um "instinto de realização do *Si-mesmo*" (JUNG, OC, vol. 7/2, § 292) que veio se somar aos instintos relacionados à sobrevivência e à reprodução.

O processo de realização do *Si-mesmo*, por meio do qual a consciência progressivamente expande-se, é denominado por Jung de processo de individuação.

Se a crescente ampliação da consciência, ou seja, o processo de individuação, for entendido como sendo a finalidade da vida, encontramos nele o sentido da vida. É por meio do processo de individuação que a vida ganha significado e cada indivíduo cumpre com o destino que lhe é próprio. Sentido da vida, significado da vida e destino referem-se à dimensão espiritual do ser humano.

Uma vez que a progressiva ampliação da consciência seja entendida como a finalidade da vida, todas as funções da consciência existiriam com o propósito de servir ao processo de individuação, cabendo a cada pessoa melhor realizar tal propósito.

Entre as funções da consciência ou funções psicológicas está o sentimento. As outras são: o pensamento, a sensação e a intuição.

O neurocientista António Damásio, estudando os sentimentos, observou que eles surgem primeiramente para favorecer a preservação da vida, e é a preservação da vida o grande valor biológico. Mas, como a finalidade da vida humana possivelmente abrange, além de sua conservação material, a ampliação da consciência (o processo de individuação), os sentimentos também devem contribuir para este fim.

Os sentimentos serviriam não apenas para a preservação da vida como para a expansão da consciência. Na realidade, o estudo dos sentimentos, como se pretende clarificar neste livro, vem demonstrando que não há oposição entre preservação da vida e expansão da consciência, pois eles caminham juntos e equilibradamente, enquanto o processo de individuação se realiza na medida em que a consciência individual mais ampla é encarnada.

A importância dos sentimentos para a transformação da personalidade individual para uma mais ampla, assim como a importância de se encontrar valores novos e transcendentes nesse processo, não são novidades; elas são, por exemplo, conhecidas dos grupos de mútua-ajuda (A.A., NA, Nar-Anon, Al-Anon etc.) com seus Programas de Doze Passos. Os Passos evidenciam haver uma relação entre sentimentos, renovação de valores, transformação íntima e espiritualidade (conforme explicitado no livro *Drogadição, a recuperação em A.A. e N.A. e a espiritualidade*. BENZECRY, 2010) e, por isso, eles serão usados, ao longo do texto, para ilustrar algumas das ideias expostas.

Os membros de Alcoólicos Anônimos (1994) perceberam a importância dos sentimentos para a transformação íntima com a renovação de seus valores, a partir da constatação de que têm dificuldade de lidar com os seus sentimentos adequadamente, e o meio que usavam para alcançar o bem-estar era a bebida alcoólica. Eles haviam aprendido a manipular os seus sentimentos com recursos externos, bebendo (drogando-se). Eles atingiam um bem-estar vindo de fora e, por isso mesmo, ilusório e fugaz necessitando de mais álcool (drogas) para mantê-lo. Jung vira no alcoolismo uma forma inferior de busca pela plenitude, de busca espiritual (*Spiritus contra spiritum*, 1994: 13).

Aquela conduta (querer o bem-estar fácil e imediato vindo de fora) está longe de ser uma peculiaridade dos alcoolistas e drogaditos, é um comportamento humano natural e cada vez mais prevalente na sociedade em geral. Uma sociedade próxima à mania, em que todos devem estar permanentemente bem e a qualquer mal-estar toma-se uma droga ou busca-se alguma fonte de prazer (sexo, compras, comida etc.). Como observou Damásio (2004: 12), "tratamos dos nossos sentimentos com comprimidos, bebidas, exercícios físicos e espirituais, mas nem o público nem a ciência fazem uma ideia clara do que são os sentimentos do ponto de vista biológico".

Damásio (2004) vem investigando os sentimentos sob a perspectiva biológica, como se dão e qual o papel deles na existência dos seres humanos.

Jung (OC, vol. 6), nos seus escritos, explicou o sentimento como uma função racional da consciência tão importante quanto a outra função racional, o pensamento, e as funções irracionais da consciência (sensação e intuição). Jung, já em 1921, na obra *Tipos psicológicos*, definiu o sentimento como uma função da consciência e distinguiu as emoções dos sentimentos. Jung afirmou ser estes racionais – pois suscetíveis à reflexão –, algo que surpreende o leigo acostumado a atribuir racionalidade apenas ao pensamento e a colocar o sentimento no mesmo "pacote" da emoção sem distingui-los.

Quando Damásio (2004) afirma que "tratamos de nossos sentimentos", põe em evidência outra particularidade de como os vemos, como algo a ser tratado, como uma doença ou um sintoma. Nós caminhamos, em certa medida, "patologizando" os sentimentos, principalmente os negativos. Frequentemente, em vez de responsabilizarmo-nos por eles, damo-los um *status* de uma doença da qual somos vítimas e usamo-la para nos justificarmos na intenção de fugir de nossa responsabilidade e/ou tratamos "da doença" ou de nossos sentimentos com comprimidos sem maiores reflexões.

Muitas vezes, a falta de contato com os próprios sentimentos e a negação deles acaba, realmente, levando a transtornos mentais. Por exemplo, do medo para a fobia e daí para o pânico. Neste caso, a relação do medo com o estímulo-emocionalmente-competente original fora progressivamente "esquecida", dissociada, e a capacidade do medo de dominar o indivíduo, intensificada.

Outra forma de fugir da responsabilidade por nossos sentimentos está no hábito de atribuir ao outro ou às circunstâncias a sua causa.

As novas teses e conclusões da neurociência convidam-nos a mudarmos o jeito como nos relacionamos com nossos sentimentos, e a psicologia analítica, que desde o seu início inclui a função sentimento no entendimento da consciência e do homem, tem muito a contribuir.

Neste livro, pretende-se apontar algumas das importâncias da função sentimento e dos sentimentos no ser humano, particularmente, no desenvolvimento espiritual, sem com isso desmerecer ou descartar as demais funções da consciência, mesmo porque, se as outras três funções psicológicas fazem parte do ser humano, a qualquer momento, todas elas, em maior ou menor grau, consciente ou inconscientemente, estarão atuando.

O desenvolvimento pleno do ser humano se dá na medida em que as quatro funções psicológicas desenvolvem-se equilibradamente na consciência, portanto uma em detrimento de outra produziria unilateralidades que desviariam o ser da unidade consciente. Embora, neste texto, trabalhemos com o sentimento, em parte para compensar o excesso de especialização no pensamento de nossa civilização, não se deve esquecer a importância de se desenvolver, o mais equilibradamente possível, todas as funções.

Entretanto, habitualmente, para nos orientarmos damos preferência a uma das quatro funções da consciência, que é, então, designada de superior. A função de mesma qualidade (racional ou irracional) que a superior fica menos diferenciada e é definida como função inferior. As outras duas funções, obrigatoriamente de qualidade diferente da superior, ficam como primeira e segunda auxiliares.

Ter uma determinada função bem desenvolvida e/ou orientar-se por certa função não significam, necessariamente, que seus conteúdos sejam bons, ou seja, por exemplo, ter a função pensamento altamente desenvolvida não implica ter bons pensamentos, nem ter uma função sentimento superior equivale a possuir bons sentimentos.

Para além de desenvolver a função sentimento e apropriar-se dela, urge habituarmo-nos a escutar os sentimentos, identificar o sentimento presente, aprender com ele e elaborá-lo da melhor forma possível. Os sentimentos são aliados do desenvolvimento espiritual, da necessidade e da procura humanas por um sentido na vida e da realização dos mais altos fins da existência que, no entender do analista junguiano, exprimem-se no processo de individuação.

Todo trabalho de ampliação da consciência é um processo em que aspectos inconscientes vão se tornando conscientes com os opostos complementares entrando em equilíbrio na consciência formando um terceiro elemento, que não exclui os dois, ao contrário, permite a expressão deles; não há repressão nem supressão, mas a liberdade de existir. O ideal de uma integridade consciente funciona como meta que, embora possa escapar ao real e possa ser inatingível, dá o direcionamento necessário ao melhor desenvolvimento do real e é esta tarefa o essencial. É tal qual afirmou Jung em relação ao trabalho dos alquimistas: "A meta só importa enquanto ideia; o essencial, porém, é o *opus* (a obra) que conduz à meta: ele dá sentido à vida enquanto esta dura" (JUNG, OC, vol. 16/2, § 400).

O trabalho executado visando uma meta dá sentido à vida. O desvelamento de algum sentido para a vida a dar-lhe um direcionamento e a orientar as nossas escolhas refere-se à dimensão espiritual do ser humano; a função sentimento e seu conteúdo, os sentimentos, auxiliam neste processo conforme se pretende elucidar neste livro.

O objetivo é a busca de esclarecimentos sobre a função sentimento e os sentimentos, colocando-os no centro do palco, sobre o qual incidem luzes e criam-se sombras visíveis, escuridões necessárias para manter o sentimento no centro da questão e, mais adiante, gerar mais luzes sobre ele pelo pensar... Sim, o pensamento.

A referência ao pensamento deve-se a ser a função da consciência reconhecida como o ápice da evolução dos seres vivos e a que abrange os processos cognitivos necessários à identificação dos sentimentos e à elaboração deles, contudo, a importância do pensamento não diminui a das demais funções psicológicas nem deveria colocá-lo acima delas ao custo do mérito de cada uma.

Após tanto especializarmo-nos no pensamento, que tal dedicarmo-nos ao sentimento?

# 2
# Funções psicológicas e sentimento

Uma função é uma atividade específica exercida de determinada maneira. Segundo Jung, a consciência tem maneiras potenciais de atuar, as quais vão se desenvolvendo na medida em que a personalidade consciente desabrocha fazendo parte do ego (o ego é o centro da consciência). Mesmo uma função pouco desenvolvida continua a ser uma função potencial do ego, ainda que em grande parte possa ser inconsciente, por isso as funções psicológicas são entendidas como funções da consciência.

Jung definiu as funções psicológicas como modos de atividade psíquica pelos quais a energia psíquica se manifesta e, a partir de sua experiência, Jung concluiu que existem quatro funções psicológicas básicas, pois independentes e irredutíveis umas às outras, duas irracionais e duas racionais.

As irracionais são as que ocorrem diretamente na consciência sem passar pela reflexão, são elas: a sensação e a intuição. As racionais demandam a reflexão e são: o pensamento e o sentimento. Deve-se lembrar que racional relaciona-se a ser sujeito ao raciocínio e à reflexão, e é distinto de lógico, um encadeamento coerente de ideias.

Apesar das palavras sentimento e pensamento muitas vezes aparecerem na obra de Jung e aqui se referindo, respectivamente, à função sentimento e à função pensamento, cabe salientar que uma coisa é o conteúdo da função, o sentimento ou o pensamento em si, e outra é a ação, a função sentimento e a função pensamento; sobre essa questão, James Hillman afirmara:

> *Ter* sentimentos e *usar* sentimentos marca a diferença entre os conteúdos e o processo que os organiza e os exprime. Contudo, feita essa distinção não lhe devemos dar grande importância; na prática, o contínuo processo subjetivo de experimentar sofrimentos é o pano de fundo passivo da função sentimento (FRANZ & HILLMAN, 2010: 126).

Igualmente podemos distinguir as funções sensação e intuição como os processos, as ações de ter, respectivamente, sensações e intuições; os seus conteúdos.

A função sensação é a função responsável por dizer que algo **é**, ela "proporciona a percepção de um estímulo físico" (JUNG, OC, vol. 6, § 889) e relaciona-se, segundo Jung, tanto aos estímulos externos, passando pelos órgãos dos sentidos (da visão, do olfato, do tato, do paladar, da audição), quanto aos estímulos internos que vêm do corpo e de seus órgãos. Quando toco num objeto, por exemplo, sinto pelo tato imediatamente que ele é áspero; se há um barulho, percebo-o pela audição; se há um odor perfumado, o olfato permite que eu o sinta, assim por diante; os órgãos dos sentidos informam-me que algo é. A sensação apenas diz que algo é, que existe, e para isso a reflexão não é necessária. A sensação não define o que é, não denomina a superfície de áspera, nem denomina o barulho assim, nem o odor de perfumado, isso é feito pela função pensamento passando pela reflexão.

A outra função irracional da consciência é a função intuição. Ela é a função pela qual um conteúdo vem à consciência como um todo acabado diretamente via inconsciente. Não passa pela reflexão; pois, pela intuição, primeiro percebe-se algo, a pessoa sabe de imediato e depois, se quiser, pode verificar se é pertinente ou não pelo pensamento e/ou pela experimentação. Por exemplo, sempre sigo por determinada rua para ir de casa ao trabalho por ser mais rápido do que as outras opções, porém, um dia, de repente, vem à minha consciência: "Pega o caminho mais longo". Eu obedeço a isso que seria ilógico – pegar o caminho que teoricamente é mais demorado –, e, depois, ouço no rádio que houve um acidente no trajeto mais curto, tornando-o mais longo e a pior opção, conforme a intuição induzira-me a acreditar. Neste caso, se fosse pela lógica do pensamento, não teria escutado a intuição e, mais adiante, dar-lhe-ia razão.

A função pensamento é a função responsável por interpretar **o que é** percebido, ou seja, "exprime *o que* uma coisa é, dá-lhe nome e conceitua-a, pois pensar é perceber e julgar" (JUNG, OC, vol. 18/1, § 22); o pensamento ordena os conteúdos da consciência em forma de conceitos.

Jung distinguiu duas formas de pensamento, o ativo ou dirigido e o passivo ou intuitivo. No ativo, os conteúdos da ideação são submetidos a um ato voluntário de julgamento; é um ato da vontade. O ativo é, por exemplo, o que faço enquanto escrevo. No passivo, os conceitos se conectam espontaneamente formando julgamentos que podem até ser contrários à intenção do sujeito: é um acontecimento (JUNG, OC, vol. 6, § 873); é, por exemplo, a profusão de pensamentos que passa por minha mente a todo instante mesmo enquanto não dou atenção a eles. Jung, por um momento, reclassificou o pensamento passivo como uma função irracional, denominando-o de intuição intelectual, porém, logo depois, ele reconsiderou esse "ato intuitivo de julgamento [...] mesmo que tenha emanado de um caminho que [...] parece irracional" (JUNG, OC, vol. 6, § 875), como racional. Possivelmente, porque nomear, conceituar e julgar, mesmo que passivamente, pressupõe uma ação reflexiva anterior da consciência e que haja uma racionalidade.

A função sentimento é a função que determina o **valor** de algo para a pessoa. É por intermédio da função sentimento que avaliamos algo em termos de **aceitação ou rejeição**, seja uma situação, uma pessoa, um objeto, um pensamento, uma sensação, uma intuição e até outro sentimento. Qualificar e definir o significado de algo no sentido de uma aceitação ou de uma rejeição subjetiva a partir do valor dele para a pessoa, é atribuição da função sentimento. Assim, o sentimento contribui para uma pessoa interpretar algo como bom ou ruim, feio ou bonito, se gosta ou não etc., "é ele que nos diz, por exemplo, se uma coisa é aceitável, se ela nos agrada ou não" (JUNG, OC, vol. 18/1, § 23), embora quem transforme, posteriormente, aquela interpretação subjetiva num conceito seja a função pensamento.

A função sentimento, portanto, é a que nos leva a sermos atraídos por algo (uma foto, uma pessoa, uma música...) ou rejeitarmos a partir do valor a ele associado. Ela informa o valor das coisas, por exemplo, gerando repulsa de uma superfície áspera, de um barulho ou aceitação de um perfume.

Muito frequentemente, sem nos darmos conta, primeiro aceitamos ou rejeitamos algo – quer dizer, gostamos ou não de algo –, e somente depois é que pensamos na justificativa, e não o inverso. Julgamos a partir de nossos sentimentos. (Observe quantas vezes você primeiro se empatizou ou se antipatizou com alguém e depois vieram as justificativas, e com o tempo você passou a referir-se a elas como verdades sobre aquela pessoa, nem se lembrando mais da influência de seu primeiro julgamento pela função sentimento, determinando a aceitação ou a rejeição daquela pessoa. E observe quantas vezes a convivência mudou os seus sentimentos em relação a alguém e, então, o seu conceito mudou – ou vice-versa: você mudou seu conceito e, então, o sentimento mudou.)

A função sentimento julga e interfere nas nossas escolhas tanto quanto a função pensamento, porém o seu parâmetro de medida é outro, é o conjunto de valores da pessoa determinando uma aceitação ou rejeição subjetivas e não uma relação conceitual objetiva e lógica, um critério do pensamento. Daí a expressão *o coração tem as suas razões;* razões estas que podem divergir da lógica.

A respeito do sentimento, Jung explicou ser

> [...] um processo que se realiza entre o eu e um dado conteúdo, um processo que atribui ao conteúdo um *valor* definido no sentido de aceitação ou rejeição ("prazer" ou "desprazer"), mas também um processo que, abstraindo do conteúdo momentâneo da consciência ou de sensações momentâneas, pode aparecer como que isolado, como disposição de ânimo (humor) [...]. O sen-

timento é, primeiramente, um processo de todo *subjetivo* que pode independer, sob todos os aspectos, do estímulo exterior, ainda que se ajunte a cada sensação. [...] O sentimento é, portanto, também uma espécie de *julgamento*, mas que se distingue do julgamento intelectual, por não visar ao estabelecimento de relações conceituais, mas a uma aceitação ou rejeição subjetivas. A valorização pelo sentimento estende-se a *cada* conteúdo da consciência, seja de que espécie for (JUNG, OC, vol. 6, § 896).

A função sentimento ordena os conteúdos da consciência de acordo com os valores da pessoa. É função racional, porque os valores em geral são atribuídos segundo as leis da razão. Assim como o pensamento, o sentimento tem coerência e é sistemático, porém, enquanto o raciocínio ordena os pensamentos segundo a lógica, ele ordena os sentimentos segundo os valores dos conteúdos da consciência. Daí, as razões do coração serem diferentes das do pensamento e o sentimento não ser alterado por explicações lógicas. Quem já não disse diante da argumentação lógica de outra pessoa: "Ok, eu sei, mas sinto?"

Assim como dividiu o pensamento em ativo e passivo, Jung dividiu o sentimento. O ativo é um ato dirigido pela vontade em que a pessoa atribui os valores (que, assim, partem ativamente da pessoa), enquanto, no sentimento passivo, é o conteúdo quem estimula ou atrai o sentimento, ou seja, algo no objeto desperta na pessoa certo sentimento independentemente da ação de sua vontade. (Quantas vezes nós já afirmamos: "Não quero sentir, mas sinto"?) Na visão de Jung, o passivo é um estado e não uma atividade, por isso ele chegara a dizer que "em sentido estrito, só o sentimento ativo, dirigido, poderia ser denominado racional, ao passo que o sentir passivo é irracional, na medida em que estabelece valores sem a participação do sujeito, às vezes mesmo contra a intenção deste" (JUNG, OC, vol. 6, § 900) e, por um momento, Jung denominou-o de intuição sentimental. Apesar disso, Jung, em sua obra, continuou definindo a função sentimento como um todo de racional, pois ela determina o valor de algo e, dessa forma, é necessariamente subordinada às leis da razão. Conforme será apresentado mais adiante, o sentimento passivo pode ter a sua origem na emoção liberada pela ativação de um complexo afetivo inconsciente, desse modo, escapando à ação da vontade e à intenção, no seu aparecimento. (Um complexo afetivo é um agrupamento de ideias ou representações ligadas por uma emoção.)

Num seminário, em 1925, Jung (2014: 160-163) discorreu sobre outro aspecto das funções, as suas qualidades – estática ou dinâmica. As funções estáticas seriam a sensação e o pensamento. A sensação apresentaria uma realidade estática, porque define uma realidade que é, presente, do agora. O pensamento seria imagem estática por se basear em ideias na forma de imagens, ideias que são eternas e compõem o *Logos*. Seriam dinâmicas, as funções intuição e sentimento. A intuição revelaria uma realidade dinâmica por abranger possibilidades e o sentimento apresentaria uma imagem dinâmica porque, ao apoiar-se em valores, é mutável. Quando define a sensação e a intuição como realidades e o pensamento e o sentimento como imagens, está lembrando que estes se dão na mente como imagens, e os primeiros expressam uma realidade.

Ainda a respeito do sentimento, Jung, no cap. XI, "Definições", da obra *Tipos psicológicos* (OC, vol. 6), após dedicar quatro parágrafos para definir e descrever o sentimento, afirmara que as definições dadas por ele para a função sentimento "não caracterizam a essência do sentimento, mas apenas o descrevem a partir de fora" (JUNG, OC, vol. 6, § 899), porque, ao usar da função pensamento que julga e conceitua para exprimir o que é o sentimento, ele está usando outra função da consciência e nenhuma função tem como captar e expressar em absoluto algo de natureza distinta da dela. São medidas diferentes, por isso "nenhuma definição intelectual será capaz de reproduzir o específico do sentimento, de maneira satisfatória" (JUNG, OC, vol. 6, § 899). Pode ser de difícil tradução pelo intelecto, porém, como é de vivência universal, conseguimos apreender do que se trata usando como medida a própria experiência: podemos perceber que os vários sentimentos aparecem na relação de cada um com algum objeto, esteja ele dentro (uma lembrança etc.) de nós ou fora de nós, e provoca uma aceitação ou uma rejeição desse objeto.

Outro motivo para a dificuldade em explicitar o que é sentimento em palavras com precisão pode ser a subjetividade inerente à função sentimento.

Por definição, a função sentimento é um processo subjetivo e este pode ser mais um aspecto responsável pela menor valorização e estudo do sentimento em relação ao pensamento e a sensação, uma vez que a ciência tende (ou tendia) a repudiar o subjetivo e almejar o objetivo. (O estudo da função intuição, por ela ser via inconsciente e, frequentemente, fugir à lógica, talvez ainda esteja em maior desvantagem.)

A definição do sentimento como algo subjetivo aponta para outra característica importante a respeito da função sentimento: ela revela aspectos do mundo íntimo da pessoa. O sentimento espelha o mundo interno do indivíduo e, ao visar uma aceitação ou rejeição subjetiva, é determinante para a adaptação do mundo interno em interação com o externo. É interessante notar-se que este fato vem sendo ratificado por estudos na área da neurociência (DAMÁSIO, 2004). Damásio afirmara que

> Os sentimentos são a expressão do florescimento ou do sofrimento humano, na mente e no corpo [...]. Os sentimentos podem ser, e geralmente são, *revelações* do estado da vida dentro do organismo [...]. Considerando a vida como uma acrobacia na corda bamba, a maior parte dos sentimentos são expressões de uma luta contínua para atingir o equilíbrio, reflexos de todos os minúsculos ajustamentos e correções sem os quais o espetáculo colapsa por inteiro. Na existência do dia a dia, os sentimentos revelam, simultaneamente, a nossa grandeza e a nossa pequenez (DAMÁSIO, 2004: 15).

Portanto, o sentimento reflete o estado do mundo interno e pode ser sucintamente definido como uma disposição afetiva resultante da vivência consciente das ocorrências internas, incluindo o que é percebido pela emoção, segundo o entendimento, ou melhor, o valor dado pela razão. A vivência consciente é um dos elementos que distingue o sentimento da emoção.

## ☞ DA TEORIA À PRÁTICA – SUGESTÕES

Procure observar, em suas opiniões, a influência de seu sentimento, ou seja, a influência de uma aceitação ou de uma rejeição subjetiva nos seus argumentos e nas suas preferências.

Se você aceitou a proposta de utilizar um caderno ou agenda para anotações, você pode começar por fazer um diário sobre o seu dia e, depois, reler e grifar ou anotar como você se sentiu em diversos momentos e fazer a relação sugerida acima. Se não quiser fazer um diário, basta anotar o que considerar significativo.

Que tal um exercício? Anote na agenda a roupa que você escolheu e/ou a música ou o verso/frase/livro que o atraíram hoje e verifique se eles têm relação com algum possível sentimento presente. Se não conseguir denominar ou descrever algum sentimento, tudo bem; é suficiente anotar se era um sentimento agradável ou desagradável ou neutro. Ao longo de um período, fazendo essas anotações cotidianamente, você observará as suas preferências e a possível relação com seu estado interno. Não se preocupe em chegar a respostas já no início dos trabalhos.

O sentimento revela o mundo interno. Olhamos no espelho e não vemos sempre a mesma imagem. Num dia, parece que nenhuma roupa cai bem e, no dia seguinte, está tudo ótimo. O que mudou foi fora ou dentro de nós? Parece óbvio que foi dentro. Da próxima vez, aproveite para atentar ao seu sentimento.

Um bom exercício é, num espelho, olhar dentro dos seus olhos até ver beleza e a sua feição sorrir. Experimente e veja o efeito em você, inclusive antes de escolher uma roupa.

Numa parte do caderno ou agenda, você pode descrever as situações em que as expressões "não quero sentir, mas sinto" e "eu sei, mas sinto" ocorrem para, depois, buscar as razões do coração. Essas razões têm relação com os seus valores (adiante veremos a base da valorização e a relação com a visão de mundo).

### RESUMO DAS PRINCIPAIS IDEIAS

- Função da consciência é como ela age: funciona. O resultado da ação é o seu conteúdo.
- A intuição percebe as possibilidades da realidade via inconsciente.
- A sensação diz que algo é.
- O pensamento nomeia e conceitua: diz o que é.
- O sentimento é responsável pela valorização (qualifica): determina o **valor** de algo.
- A função sentimento é racional, embora não seja lógica.
- Sentimento é uma função de relação: precisa-se estar em relação com algo (interno ou externo) para que ele surja.
- Sentimento gera aceitação ou rejeição.
- Sentimento interfere no comportamento.
- Sentimento é subjetivo.
- Sentimento revela o mundo interno: o estado interno do organismo (corpo e mente).
- Sentimento é imagem dinâmica.
- Sentimento é uma vivência consciente diferentemente da emoção.

# 3

# Emoção e sentimento

A emoção é uma reação automática, involuntária, espontânea, intensa e breve do organismo às ocorrências inesperadas, sem que haja a consciência direta delas – "não é uma atividade, mas um evento que sucede a um indivíduo" (JUNG, OC, vol. 9/2, § 15) –, no entender de Jung; é relacionada ao sistema nervoso simpático e resulta da ativação de um complexo. É uma projeção do indivíduo, do seu meio interno, no externo. Não é boa nem má em si mesma, mas dependente do direcionamento que damos a ela.

A emoção é automática por envolver um conjunto de respostas reflexas coordenadas que, na realidade, não se restringe à ativação do sistema nervoso simpático observado por Jung (também envolve outros sistemas, principalmente, o sistema imunológico, o sistema endócrino e os sistemas nervosos parassimpático e entérico). A emoção, a semelhança de um reflexo isoladamente, não passa pela consciência. A emoção é anterior ao sentimento, o qual passa pela consciência.

A emoção é reflexa. Pode-se entender alguns aspectos da emoção comparando-a com outros reflexos como o de tirar o dedo ao sentir dor por tocar-se numa panela muito quente:

sem refletir, rápida e automaticamente, retiramos o dedo a fim de preservá-lo. Assim é a emoção, ela ocorre, queiramos ou não, e tem a finalidade de preservar-nos, ou melhor, de colocarmo-nos em condições adequadas à sobrevivência.

Jung, em *Tipos psicológicos* (OC, vol. 6), usa o termo emoção como sinônimo de afeto e a distingue do sentimento, principalmente, por este poder "ser uma função voluntariamente disponível ao passo que o afeto geralmente não o é. Igualmente, o afeto se distingue do sentimento pelas inervações corporais perceptíveis, enquanto faltam ao sentimento, na maioria dos casos" (JUNG, OC, vol. 6, § 751).

A leitura feita por Jung a respeito do sentimento e da emoção (sinônimo de afeto para Jung) concorda com os achados atuais da neurociência no que diz respeito à submissão à vontade – o sentimento pode ser submetido e a emoção não pode – e no que se refere à emoção dar-se no corpo. Porém, Jung equivocara-se na relação sequencial habitual ("todo sentimento ao atingir certo grau de força, liberta inervações corporais e se torna afeto" (JUNG, OC, vol. 6, § 751)).

Desde o início do estudo da emoção e do sentimento pelo neurocientista Damásio, ele constatou realmente haver uma relação de continuidade entre ambos, porém, considerando o processo evolutivo, a emoção vem em primeiro: "A emoção e o sentimento eram irmãos gêmeos, mas tudo indicava que a emoção tinha nascido primeiro, seguida pelo sentimento, e que o sentimento se seguia sempre à emoção como uma sombra [...]. A emoção precedia o sentimento" (DAMÁSIO, 2004: 14). Apesar de, na dinâmica da vida, um sentimento também poder influenciar na emoção.

Quando alguém se aproxima de uma barata e ela paralisa e depois foge, pode identificar nela uma reação de medo, mas não diria que a barata tem o sentimento – uma função da consciência – de estar amedrontada.

Dizer que a emoção vem antes do sentimento significa que primeiro vêm as alterações corporais reflexas, a emoção, e depois a sua consciência, o sentimento; seria algo como, por exemplo, primeiro nós sorrimos e depois nos percebemos alegres, e não o contrário: sentimo-nos alegres e depois sorrimos.

No livro *Em busca de Espinosa*, Damásio (2004: 61) apresentou uma hipótese de definição de emoções:

> 1) Uma emoção propriamente dita é uma coleção de respostas químicas e neurais que formam um padrão distinto. 2) As respostas são produzidas quando o cérebro normal detecta um estímulo-emocional-competente, o objeto ou acontecimento cuja presença real ou relembrada desencadeia a emoção. As respostas são automáticas. 3) [...] 4) O resultado imediato dessas respostas é uma alteração temporária do estado do corpo e do estado das estruturas cerebrais que mapeiam o corpo e sustentam o pensamento. 5) O resultado final das respostas é a colocação do organismo, direta ou indiretamente, em circunstâncias que levam à sobrevida e ao bem-estar.

Apesar das emoções serem, sobretudo, ações executadas no corpo, elas também são acompanhadas por alterações nos processos cognitivos, nas ideias e modos de pensar. (P. ex.: a tristeza vem com lentificação do pensamento, menor repertório das ideias e ideação mais pessimista.) Todas essas alterações visam à adaptação do organismo à sobrevivência.

Em seus estudos, Damásio (2011: 41) observou que há um valor biológico relacionado à administração e preservação da vida, o qual é, provavelmente, um princípio que orienta a gestão da vida. Damásio, então, parte do princípio de que somos organicamente programados para a preservação da vida que, se bem adequada, vem com bem-estar; ou seja, o organismo é capacitado a realizar ações regulatórias homeostáticas visando à sobrevivência e ao bem-estar. Assim, para manter o funcionamento do organismo em estado ótimo e livre, uma série de adaptações ou ajustes é constantemente feita automática e inconscientemente, permitindo a homeostasia.

Homeostase é o processo dinâmico de regulação do organismo para manter a constância de seu meio interno para o seu bom e harmônico funcionamento, a despeito das variações que ocorrem em seu meio ambiente.

As emoções fazem parte daquelas reações homeostáticas, elas seriam compostas pelas múltiplas e coordenadas respostas reflexas a determinados estímulos, as quais ocorrem no sentido de manter a homeostasia. Essas respostas formam diferentes padrões de estado do corpo, e estes correspondem a diferentes emoções. Esses estados do corpo, por sua vez, são mapeados no cérebro produzindo o sentimento e vão influenciar no pensamento e em seus temas.

Portanto, a emoção é parte dos mecanismos básicos de regulação da vida para a sobrevivência e o bem-estar, os quais ocorrem a todo instante determinando continuamente uma emoção de fundo, pois, constantemente, o corpo é apresentado ao cérebro e este envia sinais ao corpo, ajustando-o ou modificando-o – embora a emoção seja experimentada como um evento breve ao acontecerem as respostas reflexas aos estímulos competentes, cujas atuações podem até ser imperceptíveis –, e a emoção de fundo vai resultar em sentimento de fundo e em bem ou mal-estar.

Existem várias classificações para as emoções. Damásio, por exemplo, refere-se à existência de três grupos básicos: as universais, as de fundo e as sociais. As universais (medo, raiva, tristeza, alegria, nojo e surpresa) são assim denominadas por ser encontradas em todas as populações humanas e, para muitos, todas as demais emoções seriam derivações ou composições delas, assim como ocorre na relação entre as cores primárias e as outras cores (p. ex.: chateação = raiva + tristeza; desprezo = forma social de nojo).

As emoções de fundo (como desânimo e entusiasmo) podem surgir pela reflexão de uma situação ocorrida ou que pode ocorrer, entre outros estímulos mais ou menos perceptíveis e até por uma doença. As emoções sociais (como compaixão, embaraço, vergonha, culpa, desprezo, ciúme, inveja, orgulho, admiração) são as desencadeadas em situações sociais; na sua maioria, elas são recentes na evolução das espécies e, muitas delas, são "exclusivamente humanas como a admiração e a compaixão baseadas no sofrimento mental e social dos outros. As emoções sociais incorporam princípios morais e formam um alicerce natural para os sistemas éticos" (DAMÁSIO, 2011: 160).

Cada emoção corresponde a um conjunto específico de respostas orgânicas reflexas, as quais preparam o corpo instantaneamente para um determinado tipo de resposta a certo estímulo, uma resposta que seja a mais apropriada à sobrevivência (p. ex: a raiva dá energia para uma ação vigorosa; o medo deixa-nos em estado de alerta e em condições de fugir; a tristeza diminui a energia e causa um retraimento para a pessoa refazer-se de uma perda/dor etc.). Por isso, as emoções também podem ser entendidas como preparações para agir (GOLEMAN, 1995: 20).

Como a emoção é uma reação automática, ela não decorre de uma decisão, não é pensada e não está submetida ao controle (isto significa que uma emoção não deixa de se manifestar pela mera decisão), embora se possa, eventualmente, controlar a exposição ao estímulo e o direcionamento que se vai dar à emoção. Esse direcionamento varia individualmente e segundo a cultura, o aprendizado, o momento, o condicionamento etc.

Um estímulo pode desencadear uma emoção e esta gerar determinados sentimentos e pensamentos correlatos àquele sentimento específico. O processo também pode ocorrer no sentido oposto, isto é, pensamentos podem desencadear emoções e sentimentos que cursam com novos pensamentos repercutindo na emoção e no sentimento até ser interrompidos por pensamentos de outros motivos ou por outra emoção.

Uma determinada emoção em resposta a certo estímulo competente pode ser natural na espécie humana ou ser cultural e aprendida (p. ex.: nojo diante de insetos não comestíveis em uma cultura e que em outra são comestíveis) e pode ser inata ou ser resultante do aprendizado individual, isto é, um estímulo pode se tornar emocionalmente competente para uma pessoa ao longo de sua vida e também pode deixar de sê-lo (p. ex.: andar por certa rua, passa a desencadear medo em quem foi roubado ali).

A emoção se manifesta em "alter-ações" aparentes no corpo: nos gestos, na voz, na mímica facial e em parâmetros orgânicos mensuráveis (níveis hormonais, pH sanguíneo, ritmo respiratório, ritmo cardíaco etc.). Pode-se até interferir, voluntária e parcialmente, nas manifestações externas modulando-as, mas não nas internas. Por exemplo, pode-se tentar mascarar, parcialmente, uma expressão de ansiedade, mas não se consegue interferir nas alterações dos ritmos intestinal e cardíaco e na transpiração que acompanham a ansiedade.

Algumas das alterações corporais pertencentes às emoções foram detectadas por Jung quando ele aplicou testes de associação de palavras nos seus pacientes usando medidores de variações corporais (galvanômetro, pneumógrafo e amperímetro). Baseando-se nas evidências assim obtidas de manifestações emocionais serem automaticamente desencadeadas quando o indivíduo é mobilizado por determinadas palavras, Jung desenvolveu a sua teoria dos complexos afetivos inconscientes (ideias ou representações agrupadas por uma emoção).

A teoria de Jung vem sendo corroborada pelas hipóteses e observações de Damásio. De acordo com Damásio (2004: 157), as emoções que acompanham as diversas situações que experimentamos são a base para a categorização dessas situações, bem como as categorias conceituais que vamos formando são associadas aos dispositivos cerebrais que desencadeiam as emoções; desse modo, quando encontramos com uma situação com o perfil de determinada categoria desencadeia-se, rápida e automaticamente, a emoção que lhe corresponde. Essa observação de Damásio parece descrever a ativação de um complexo afetivo por uma situação desencadeando a emoção correspondente, conforme sugeriu Jung. Uma situação agindo como um estímulo-emocionalmente-competente faz liberar a emoção pertencente ao complexo que agrupa as situações semelhantes à situação gatilho.

Determinadas situações podem causar a liberação da emoção com a qual elas são associadas (p. ex.: a raiva ao ouvir falar de algum desafeto; medo de má notícia ao tocar o telefone etc.), configurando a ativação de um complexo afetivo. Assim, embora um complexo possa ser reprimido pelo esforço da vontade, ele tem autonomia o suficiente para, na primeira ocasião favorável, voltar à tona com toda a sua força original.

Normalmente, temos complexos afetivos inconscientes, pois o complexo "é a imagem de uma determinada situação psíquica de forte carga emocional [...] incompatível com as disposições ou atitude habitual da consciência" (JUNG, OC, vol. 8/2, § 201). É natural e inevitável que os complexos sejam formados: "Os complexos autônomos se contam entre os fenômenos normais da vida e determinam a estrutura da psique inconsciente" (JUNG, OC, vol. 8/2, § 218). Uma vez que os complexos têm relação com as emoções, entende-se por que, como observou Jung, "os complexos constituem objetos da experiência interior [...] e é dos complexos que depende o bem-estar e a infelicidade de nossa vida pessoal" (JUNG, OC, vol. 8/2, § 209).

Quando uma emoção é desencadeada, pode-se estar acessando um complexo inconsciente, de tal forma que é possível supor que se pode chegar a um complexo afetivo inconsciente a partir da escuta, da identificação e do estudo do sentimento que decorrer daquela emoção (p. ex.: um indivíduo, ao ser chamado de burro, fica com raiva e sente-se magoado e um incapaz; a escuta dos sentimentos e a análise decorrente revelam que ele se vê como incapaz e burro e que age cotidianamente com base nessa crença, por exemplo, evitando desafios intelectuais como cursos; o indivíduo relaciona isso a fatos de sua infância e percebe que, pode ter começado lá, mas ainda hoje é atuante e, uma vez tomada a consciência de que este é o julgamento que faz e mantém de si mesmo, pode vir a se transformar).

Uma emoção é principalmente formada por ações que se dão no corpo – na face, na postura, nos gestos, nos órgãos e no meio interno como um todo – e que podem ser acompanhadas de determinados temas de pensamento e modo de pensar; **já a percepção consciente do que ocorre no corpo e na mente, quando uma emoção está em curso, compõe o sentimento**. Frisando: a emoção é a ação e o sentimento é a consciência dela.

Quando a emoção, ou seja, o conjunto de reações regulatórias ocorridas no corpo visando à preservação da vida e constituinte da emoção, é mapeada no cérebro, tem-se o sentimento. Este sentimento fora denominado por Damásio (2011) de sentimento emocional para distinguir de duas outras formas de sentimento descritas por ele que, evolutivamente, antecederiam ao aparecimento dos sentimentos emocionais: os sentimentos primordiais e os sentimentos corporais.

Os sentimentos primordiais seriam a base de todos os outros sentimentos que decorrem da interação do organismo com objetos. Os sentimentos primordiais adviriam de mapas cerebrais do corpo inteiro (mapas interoceptivos) informando ao indivíduo que o seu corpo existe e está presente, independente de interagir com objetos, e confirmando a ele que está vivo e em que estado; teriam uma valência, algum ponto na escala do prazer à dor (DAMÁSIO, 2011: 230).

Os sentimentos corporais decorreriam da combinação da imagem do estado interno corporal com imagens de outros aspectos do organismo, como de componentes corporais específicos tal como as articulações e sistema musculoesquelético (mapas proprioceptivos) e eles representariam prazer ou dor (DAMÁSIO, 2011: 103).

Já os sentimentos emocionais seriam variações dos sentimentos primordiais decorrentes da "apresentação na consciência de nossos estados corporais modificados por emoções; é por isso que os sentimentos podem servir de barômetro para a gestão da vida" (DAMÁSIO, 2011: 78).

Os sentimentos primordiais e os corporais podem ser pensados como pródromos dos emocionais, na escala evolutiva. Neste livro, ocupa-se dos sentimentos emocionais.

Todos os sentimentos são imagens relacionadas ao corpo. Eles processam-se na mente, mas alguma noção corporal é essencial para existirem.

O sentimento distingue-se da emoção por ocorrer na mente – enquanto a emoção dá-se no corpo –, por requerer que se esteja consciente para o sentimento acontecer e por ser sujeito à ação da vontade, já que é consciente e não automático (diferentemente da emoção).

A consciência é necessária para que ocorra o sentimento, pois ele é a própria vivência consciente das ocorrências, incluindo das modificações que ocorrem no corpo ao se reagir aos estímulos (objetos e situações), as emoções. Para Jung, essa vivência consciente é subordinada ao entendimento dado pela razão segundo os valores do objeto para o indivíduo no sentido de provocar uma aceitação (do que dá prazer) ou rejeição (do que dá dor/"desprazer").

A valorização fora identificada pelos cientistas como um importante recurso para a sobrevivência.

Damásio (2011) observou que as ocorrências internas e externas são processadas no cérebro em imagens formadas por determinados padrões ou mapas de redes de circuitos neurais. As imagens são categorizadas e armazenadas no cérebro em função do valor que recebem de modo que todas elas, mesmo as que não se referem aos sentimentos, são acompanhadas por sentimentos (DAMÁSIO, 2011: 37). Isto é condizente com a afirmação de Jung de que a função sentimento ordena todos os conteúdos da consciência segundo os valores do indivíduo.

Primariamente, o valor recebido pelas imagens é dado em função do valor biológico, ou seja, da preservação da estrutura e do bom funcionamento do organismo. Aquilo que leva a uma regulação ótima da vida recebe um valor maior do que aquilo que a dificulta e, para que assim fosse, a evolução determinou que aquilo que favorece a regulação homeostática da vida seja acompanhado de prazer, de uma recompensa, e o que a dificulta, seja acompanhado de dor, uma punição. A ocorrência de prazer ou de dor em graus variáveis fora identificada como sendo uma forma biológica de induzir o organismo a um comportamento e não a outro (a aceitar ou rejeitar) e, ao tornarem-se conscientes na forma de sentimentos, o prazer e a dor, serviriam de motivação para ser feitas escolhas mais adequadas à preservação da vida.

Damásio (2011) constatou que

> o mapeamento cerebral de estados nos quais os parâmetros dos tecidos se afastam significativamente da faixa homeostática em uma direção *não* conducente à sobrevivência é percebido com uma qualidade que viemos a denominar de dor e punição. Analogamente, quando tecidos funcionam na melhor parte da faixa homeostática, o mapeamento cerebral dos estados correspondentes é percebido com uma qualidade que viemos a denominar de prazer e recompensa.

Portanto, a preservação da vida é o valor biológico a partir do qual os valores de todas as imagens são dados; a valorização seria relacionada à preservação dos tecidos vivos dentro da faixa homeostática apropriada ao seu contexto vigente; o estado interno mapeado no cérebro pode ser experimentado com graus variáveis de dor ou prazer; a recompensa (prazer) e a punição (dor) teriam relação com o valor: o que favorece a vida tem alto valor e gera aceitação, o que dificulta tem baixo valor e gera rejeição; e a manutenção na faixa homeostática adequada seria associada ao bem-estar.

O valor recebido pelas imagens depende do sistema biológico de valor originário do indivíduo e também das suas disposições adquiridas ao longo da vida pelo aprendizado. Ambas são subordinadas, com base no pensamento de Jung, à visão de mundo individual.

Cada imagem, na sua percepção original, recebe um valor com o qual é armazenada e ele é revivido durante cada episódio de evocação. As imagens são selecionadas e ordenadas, na mente, com base em seus valores; elas estarão em maior ou menor destaque segundo o valor delas para o indivíduo.

Provavelmente, é por esse motivo que as imagens associadas à forte carga emocional, incompatível com as disposições ou a atitude habitual da consciência, formam complexos afetivos inconscientes. De tão forte, elas ficam inconscientes, mas, por proteção e preservação orgânica, se os complexos inconscientes que agregam essas imagens forem tocados por eventos semelhantes, a emoção é automaticamente liberada para preparar o corpo imediatamente à ação apropriada.

Quando uma emoção está ocorrendo no organismo (formado por corpo e mente) ela é percebida conscientemente pelo sentimento gerado. Os sentimentos, além de serem compostos pela percepção do estado do corpo, abrangem a percepção dos pensamentos com certos temas e de um determinado modo de pensar –, pois estes também são ocorrências vividas pelo sujeito; pode-se dizer que os sentimentos devem-se à percepção do estado do corpo e do estado de espírito em certo momento.

Simplificando: as reações corporais constituem as emoções, e o mapeamento cerebral do estado corporal resultante produz o sentimento. O conteúdo dos mapas corporais cerebrais gera imagens que correspondem aos sentimentos. Na visão de Jung, os sentimentos são imagens dinâmicas.

Antes da neurociência contemporânea, William James já havia proposto que as emoções relacionam-se aos estados corporais, e o sentimento seria uma percepção do estado do corpo propriamente dito quando ele é modificado pela emoção, correspondendo a uma imagem do estado corporal. Na hipótese de William James, a imagem seria resultante da percepção direta do estado do corpo. A sua hipótese era pouco provável pelo relativamente longo tempo necessário para toda a informação corporal chegar ao cérebro e gerar o sentimento e porque se observa que o sentimento de dado instante pode não corresponder ao estado real do corpo, naquele momento. Damásio, ao sugerir que os sentimentos relacionam-se ao conteúdo dos mapas cerebrais do estado do corpo e não à sua percepção direta, resolve as objeções à teoria de William James de relacionar o sentimento a imagens do estado corporal.

Damásio propôs uma alternativa ao esquema de William James: "Os sentimentos não se originam necessariamente no estado real do corpo, mas no estado real dos mapas cerebrais que as regiões somatossensitivas constroem a cada momento" (DAMÁSIO, 2004: 121). Isso significa que, embora o sentimento se relacione a mapas cerebrais do estado do corpo, o conteúdo exato desses mapas, a cada momento, pode não corresponder, fidedignamente, ao estado exato do corpo naquele instante.

Mapas falsos em relação ao estado corporal real podem decorrer da interferência de outras regiões cerebrais nas regiões somatossensitivas alterando o mapeamento cerebral do corpo (p. ex.: por um pensamento), ou decorrerem de modificações nos sinais vindos do corpo antes de chegarem ao cérebro (p. ex.: por uso de anestésicos, analgésicos e de outras drogas que distorcem a informação do estado corporal para o cérebro).

Em condições normais, a possibilidade de criação de mapas cerebrais corporais diferentes do estado corporal real, em dado instante, é importante, tal como se observa no fenômeno de empatia e quando o pensamento imediatamente influencia no sentimento.

O pensamento e o sentimento podem ser logo aproximados graças aos sinais da região pré-frontal poderem atingir rapidamente as regiões somatossensitivas cerebrais, alterando o mapa do estado corporal mais rápido do que se o corpo se modificasse para depois o novo padrão de estado corporal ser mapeado no cérebro. Esse mecanismo foi denominado por Damásio de "como-se-fosse-o-corpo". Isso permite com que seja possível antever como nos sentiremos antes de tomarmos uma decisão, sem precisar que o corpo se altere.

Na empatia produz-se um mapa de estado corporal que é diferente do estado real do corpo da pessoa pela ativação de regiões somatossensitivas reproduzindo o estado daquilo com que se empatiza, por uns instantes.

Talvez, a possibilidade da ocorrência de um sentimento sem ele ser precedido pelas reações corporais características da emoção correspondente àquele sentimento, como acontece no fenômeno "como-se-fosse-o-corpo", tenha contribuído para Jung supor, erroneamente, que, em geral, o sentimento seria anterior à emoção. Entretanto, Jung estava correto quando, investigando como os sentimentos diferenciam-se dos afetos (emoções), observou que as pessoas "quando se trata de uma reação de sentimento, muitas vezes nem o percebem, pois a reação de sentimento não vem acompanhada de fenômenos psicofísicos" (JUNG, 2014: 10), concluindo que a emoção dá-se no corpo e o sentimento não.

É importante lembrar que a vida é dinâmica e os mapeamentos do corpo são transitórios e se transformam rapidamente durante a ocorrência de um sentimento por influências do corpo e diretas do próprio cérebro.

Normalmente o sentimento, positivo ou negativo, espelha o estado interno do corpo real ou como-se-fosse-o-corpo. O sentimento reflete o mundo interno e é um processo subjetivo:

> Os sentimentos podem ser os sensores mentais do interior do organismo, as testemunhas dos estados da vida [...]. Os sentimentos são, em suma, as manifestações mentais do equilíbrio e da harmonia, da desarmonia ou do desacordo [...]. Referem-se mais imediatamente à harmonia e ao desacordo que acontecem no interior do corpo (DAMÁSIO, 2004: 149).

O sentimento é um avanço no processo evolutivo em que o conjunto de reações corporais automáticas visando à sobrevivência e ao bem-estar – emoção –, passou a ser consciente e suscetível à vontade, de tal forma que se tornou possível interferir-se no modo como a autopreservação se dá. Por ser consciente, o sentimento pode orientar o indivíduo nas suas escolhas quanto à maneira como a autopreservação deve ocorrer, se ela está sendo adequada, se deve mudá-la e no quê.

O sentimento não é uma mera alegoria, ele serve à vida participando das tomadas de decisões. Os sentimentos sempre contêm variedades de prazer ou de dor e, assim, dão uma conotação positiva ou negativa às ocorrências e, com base nela, as escolhas costumam ser feitas. Uma vez que o sentimento torna a emoção consciente, ele cria condições de usar da experiência emocional acumulada durante a vida nas escolhas, pois permite considerar, rapidamente, se as consequências serão boas ou ruins. A aceitação e a rejeição subjetivas (decorrentes dos sentimentos) devidas aos possíveis, respectivamente, prazer/recompensa e dor/punição interferem, racionalmente, nas tomadas de decisões. Nas escolhas, o sentimento e a emoção são indispensáveis e benéficos ao raciocínio que, para se tomar uma decisão, considera não só o resultado objetivo dos fatos como o resultado em termos de recompensa ou punição, se trará prazer ou dor.

Essa avaliação pelo sentimento não é um simples sim ou não, pois considera nuances, as experiências e as prioridades individuais. Ao longo da vida, desenvolvemos uma hierarquia de valores carregada de sutilezas, ainda que coerente e bem ordenada, compondo as razões do coração e interferindo em nossas decisões. As razões do coração têm relação com os nossos valores, o que nos parece mais ou menos importante para a preservação de nossas vidas ou de nosso eu, em dado instante.

Nossas decisões e nossos comportamentos são diretamente influenciados por nossos sentimentos, ainda que não percebamos isso. Nas palavras de Jung:

> [...] a grande infelicidade de nossa cultura é o fato de sermos estranhamente incapazes de perceber os nossos próprios sentimentos, quer dizer, sentir as coisas que nos dizem respeito. Vemos com tanta frequência pessoas passarem por cima de acontecimentos ou experiências sem perceberem o que de fato ocorreu com elas. Pois não percebem que têm uma reação de sentimento (JUNG, 2014: 10).

O que de fato ocorreu com a pessoa, isto é, a sua vivência interna, bem como a forma como ela reagiu relacionam-se ao seu sentimento, seja ela capaz ou não de percebê-lo. Seguindo-se o sentimento presente, com ou sem consciência disso, se aceita ou rejeita-se algo.

O sentimento, em condições normais, deve ser e é atuante nas escolhas, pois, sem o sentimento, não há como se usar da experiência emocional acumulada com a vida nas decisões antevendo o futuro, nem como serem feitas escolhas mais complexas vislumbrando a possibilidade de resultar em bem ou mal.

Usar da experiência emocional acumulada pressupõe que haja uma memória das vivências, uma memória que é dos fatos e ideias e também sentimental. Na análise, procura-se considerar as experiências pretéritas e dá-se muita atenção às vivências da infância e aos valores familiares para desvendar a influência parental na estrutura da memória sentimental e no desenvolvimento de valores (HILLMAN, 2010: 130).

Os registros de nossa memória são parte do ego, o centro da consciência e ponto de referência de todo elemento consciente. "O que não se relacionar com o ego não atingirá a consciência" (JUNG, vol. 18/1, § 18), portanto, dizer que o sentimento é uma função da consciência implica que os sentimentos estão em relação com o ego.

Normalmente, o ser humano retém na memória as experiências emocionais e, assim, pode fazer uma escolha baseado não só nas consequências imediatas como nas futuras. Ele pode preferir uma dor em primeiro para ter a recompensa depois ao inverso, isto é, ele pode trocar uma gratificação imediata por uma futura e, geralmente, o faz ou não segundo a sua experiência (o seu passado), os seus valores presentes (o que, neste momento, lhe é mais importante) e as suas expectativas futuras.

Muitas vezes, as escolhas são feitas sem percebermos que consideramos aquelas variáveis, que nossos valores estão interferindo nas decisões. Em outras ocasiões, o papel dos valores fica mais evidente, pois refletimos bastante a respeito das consequências antes de agirmos.

Como já mencionado, a recompensa/prazer e a punição/dor são aspectos do sentimento. Todo sentimento, invariavelmente, tem um componente de prazer ou de dor; e o prazer e a dor e suas variantes são resultantes de determinados estados corporais, cujos mapeamentos cerebrais específicos configuram certas imagens corporais (ocasionando os sentimentos).

O estado corporal é determinado pelos inúmeros mecanismos regulatórios para a preservação da vida e originam mapas corporais cerebrais correspondentes a sentimentos positivos ou negativos. Na hipótese de Damásio (2004: 142-144), são positivos, se há proximidade de uma regulação ótima da vida e facilidade e fluidez para alcançá-la; e são sentimentos negativos, no caso de um afastamento da regulação ótima e uma dificuldade e resistência para atingi-la.

Em concordância com a hipótese de Damásio, Samuel Hahnemann (1996), pai da homeopatia, há mais de dois séculos observou que, quando o organismo está operando no sentido da saúde e harmonicamente, há uma sensação subjetiva de bem-estar (a qual, inclusive, serve de orientadora à boa prescrição medicamentosa), e também observou que a ocorrência de sentimentos negativos é acompanhada de mal-estar ou pode causá-lo, podendo igualmente deflagrar o adoecimento.

A intensidade dos sentimentos negativos estaria relacionada ao grau de correções necessárias para atingir o nível homeostático adequado para a sobrevida, e a intensidade dos positivos dependeria do quanto excedem aquele nível, de acordo com a teoria e o estudo de Damásio (2004: 144).

Os sentimentos ditos positivos caracterizam-se pela ausência de dor e presença de variedades de prazer e por serem acompanhados de estados fisiológicos ideais, isto é, de "estados do organismo em que a regulação da vida é extremamente eficiente, fluindo com facilidade e liberdade" (DAMÁSIO, 2004: 143).

Nos estados em que há sentimentos considerados negativos caracterizados pela ausência de prazer e presença de variedades de dor, o organismo está fora do estado ideal para a sua preservação e em luta por recuperar o equilíbrio e, se perdê-la, pode entrar em caos (DAMÁSIO, 2004: 143).

Essas observações de Damásio permitem que os sentimentos sejam classificados em positivos ou negativos a partir, respectivamente, do prazer ou da dor que os acompanha, refletindo o que se passa no interior do organismo no sentido de sua preservação e bom funcionamento ou no sentido contrário. Desse modo, a classificação dos sentimentos em positivos/superiores e negativos/inferiores é estabelecida em função do que ocorre no organismo (do bom ou mau funcionamento) e é posterior à experiência individual ou da coletividade (como reunião de indivíduos), não podendo ser acusada de preconceituosa ou moralista.

O melhor ou o pior estado corporal necessários à sobrevivência com bem-estar poderem ser vivenciados conscientemente, respectivamente, como sentimentos positivos ou negativos faz com que a própria biologia favoreça uma possível escolha por comportamentos voltados para o bem; isso se partindo do princípio de que se consiga correlacionar as experiências de determinados emoção e sentimento a certo comportamento.

Uma vez que, a partir de certo comportamento, alguém experimente algo como uma recompensa ou uma punição por meio de seu sentimento, esse alguém pode categorizar o seu comportamento e o resultado como bons ou ruins, em curto e em longo prazo, e ir descobrindo, pela vivência, o que faz bem (isto é, o que favorece a vida) e o que faz mal. E isso pode levar a pessoa a rever assiduamente os seus valores, com a ajuda da razão e do pensamento, e ir desenvolvendo uma consciência moral (ideia melhor desenvolvida no cap. 9: "Consciência moral").

O sentimento, ao ser consciente, permite que as emoções sentidas relacionadas às diversas ocorrências da existência possam ser conhecidas, compreendidas e compartilhadas com a ajuda do pensamento, o responsável por identificar e nomear o sentimento e pela elaboração do modo de direcioná-lo. O sentimento responde pela afetividade e, em grande parte, pelo comportamento.

### ☞ DA TEORIA À PRÁTICA – SUGESTÕES

Trazendo a sua atenção para o seu corpo, no curso de uma emoção, note as alterações corporais que acompanham as suas emoções; exercite observar as alterações na postura, na face, na voz, no ritmo respiratório, no trato digestivo (boca seca, vontade de evacuar, queimação etc.), no coração (aceleração, aperto etc.), na transpiração etc. Agora, saiba que muitas vezes quando isso está ocorrendo é porque há uma emoção em curso e isso pode ser normal. Na clínica, encontram-se pessoas que descrevem as alterações como se fossem doenças sem perceberem que se trata de uma reação emocional. Como veremos adiante, a manutenção em tal estado alterado é que pode ser adoecedor. A emoção em si é breve (p. ex.: enquanto dirijo, percebo um desconforto no estômago e que meu coração acelerou e meu ritmo respiratório mudou, ao pensar na possibilidade de chegar atrasado).

A emoção é reflexa e não é sujeita à vontade; não há como se interferir em suas manifestações orgânicas. Mas a vontade pode atuar no sentimento, por isso é importante a conscientização dele. Uma vez tomada a consciência do estado corporal quando uma emoção está em curso, tente denominar o sentimento (ou, no mínimo, defina se é agradável ou desagradável) e descobrir o que pode tê-lo desencadeado, às vezes, é um pensamento que cruzou a sua mente, uma lembrança, um odor... nem sempre é um fator externo óbvio. Essa descoberta e a descrição do sentimento podem ser feitos, retroativamente, durante a escrita de seu diário. Mas, se a percepção do sentimento e do estímulo ocorrer mais prontamente, maior a possibilidade da vontade agir (p. ex.: minha respiração de repente se acelera e, consciente dessa alteração, noto que começara a ficar ansiosa por ter pensado que chegarei atrasada a um compromisso. Se essa percepção for feita logo, posso soltar a respiração e torná-la suave e modificar o pensamento rapidamente, não deixando a ansiedade tomar-me. Ao reconhecer conscientemente uma tensão, posso relaxar).

Quando uma emoção é liberada, preste atenção em qual foi o estímulo-emocionalmente-competente (uma fala, uma situação, um som, um cheiro etc.) deflagrador e qual o sentimento a ela relacionado. Descreva o seu sentimento (ou, pelo menos, se foi um sentimento agradável ou desagradável ou neutro). Registre no seu diário. O estímulo pode ter relação com sua memória afetiva, referindo-se mais a experiências passadas do que à experiência presente. (Mais adiante relacionaremos ao modo de ver.) Observar o estímulo-emocionalmente-competente é interessante porque ele pode ter relação com os seus complexos. (P. ex.: uma fala mais brusca – o estímulo – desencadeou tristeza – emoção – e um sentimento de rejeição com pensamentos e comportamentos (reações) correlatos.

Refletindo, concluo que esse sentimento de rejeição, muito comumente presente por diversos estímulos, pode ter sua origem em vivências passadas que o estímulo atual fizera recordar.)

Vigilante, portanto, voltando a sua atenção para si, tendo consciência de seu estado corporal, denominando ou não o seu sentimento, você pode interferir *desindentificando-se* do sentimento e, voluntariamente, alterando, por exemplo, o tom da voz, o seu gestual, a sua postura e a respiração. Digamos que você esteja com raiva, voltando a sua atenção para si e percebendo o tom com que você estiver falando, desde que você não queira continuar dominada por ela (i. é, que você abdique da raiva e da sua razão por tê-la), abaixe o tom e amanse a voz; é possível que isto o ajude a recuperar o autodomínio.

Inversamente, a cada sentimento, você pode observar as alterações corporais presentes e, assim, descobrir que a cada conjunto de alterações corresponde uma emoção e um sentimento (p. ex.: sei que estou com medo e noto uma fraqueza nos membros e quando a sinto novamente, tomo consciência de meu medo).

Lembre-se que a emoção também interfere no pensamento e vice-versa. Atente aos seus pensamentos; se você desejar, pode mudar o seu conteúdo ativamente, repercutindo no sentimento.

Experimente deixar-se envolver por uma atividade manual trazendo a sua atenção para ela e para o presente, isso pode resolver, temporariamente, um mal-estar. Digo temporariamente, porque voltando o contato com o estímulo desencadeante, o mal-estar pode retornar, enquanto não houver a transformação individual.

Ao fazer um diário, pode ser difícil denominar o sentimento. Conseguindo ou não, você pode fazer um desenho ou colar no caderno ou agenda a foto de uma imagem extraída de uma revista ou jornal que representem o seu sentimento. Outra sugestão é anotar a música, o verso ou o livro em que você encontra afinidade com seu sentimento. Esses exercícios poderão, pela afinidade, por si só, ajudar a resolver um sentimento conflitante. Para quem tem dificuldade de entrar em contato ou de denominar os seus sentimentos, essas sugestões são bastante úteis.

Se aquelas sugestões lhe parecerem trabalhosas ou de difícil execução em determinadas circunstâncias, que tal escolher uma cor que possa representar o seu sentimento e anotá-la no alto ou no final da página e, se quiser, quando tiver um lápis de cor à mão, pintar uma faixa do papel? Você também pode associar uma figura geométrica ou outro símbolo à cor. Você pode usar a sua criatividade para encontrar o seu jeito de se aproximar de seu sentimento.

Fazendo diariamente as sugestões acima, ao final de um período, você terá um retrato capaz de revelar o(s) seu(s) sentimento(s) mais recorrente(s), o que será útil ao autoconhecimento e à transformação pessoal.

Observe a repetição em sua vida de situações parecidas, mas diversas, originando determinada emoção e sentimento e como isso pode trazer-lhe prejuízos (p. ex.: sempre que ocorre algo que não gosta tem pensamentos de autopiedade e entristece-se ou fica revoltado, com ódio e agressivo etc.). Isso também pode ter relação com os seus complexos e como você vê o mundo. A percepção de que lhe traz prejuízos é importante para estimulá-lo a querer mudar, o que inclui modificar ou abdicar das suas justificativas (razões do coração).

Perceber o estímulo-emocionalmente-competente e o sentimento e os pensamentos que se seguem à emoção auxiliam no processo de autoconhecimento.

Releia as situações em que as expressões "Não quero sentir, mas sinto" e "Eu sei, mas sinto" ocorreram e verifique se o seu sentimento visava a uma aceitação ou rejeição devido a algum valor importante para a preservação de seu eu física e/ou mentalmente (segundo as suas prioridades e o seu modo de ver) ter sido tocado. Um sentimento negativo significa que o estímulo tem um valor negativo, ou seja, contrário à preservação de sua vida, de seu eu, e é assim que você se sente: atingido na preservação de sua pessoa.

Comece a observar, sempre que possível, a influência dos valores nas tomadas de decisões. Você pode se surpreender e descobrir que, na prática, às vezes, as suas escolhas (as suas prioridades, logo, valores) não condizem com os valores de seu discurso. (P. ex.: falo em sustentabilidade ambiental, mas tomo banhos longos, revelando que, na prática, meu conforto vale mais do que a natureza.) Atento a suas escolhas, também pode acontecer de você notar que a dor associada a uma escolha pode fazê-lo "esquecer" do bem futuro e, consciente disso, você pode reconsiderar a escolha ou ao contrário, pode ser que, por estar focado no prazer, você esteja negligenciando a dor futura, porém, ela virá. Escrever num caderno ou diário vai ajudá-lo a visualizar e a ser honesto consigo mesmo.

Pessoas que já têm o hábito de escrever um diário podem, após fazerem as anotações cotidianas, utilizá-las para essas reflexões.

Emoção é energia, são alterações orgânicas, por isso, o pior que você pode fazer é negá-la. A energia já está presente. O sentimento, como consciência daquelas alterações, permite-lhe escolher o direcionamento que você vai dar. Negando a emoção ou o sentimento, você não impede os seus efeitos, ao contrário, é como se aquela energia ficasse represada no corpo. Portanto, comece por admitir para si mesmo os seus sentimentos, por piores que lhe pareçam, pois a questão não é senti-los ou não, mas o que você faz deles.

### RESUMO DAS PRINCIPAIS IDEIAS

- ✓ Emoção é automática, involuntária, espontânea, intensa e breve.
- ✓ Emoção é uma projeção do meio interno, no externo.
- ✓ Boa ou má não é a emoção, mas o direcionamento dado a ela: destrutivo ou não pode ser o direcionamento dado à emoção.
- ✓ Emoção é um conjunto de respostas reflexas.

- Emoção dá-se no corpo.
- Emoção não é submetida à vontade e ao controle.
- Emoção é para a sobrevivência.
- A cada emoção corresponde um estado corporal.
- As emoções sociais incorporam princípios morais.
- Complexos afetivos inconscientes = ideias ou representações agrupadas por uma emoção.
- Emoção é a ação e o sentimento, a sua consciência.
- Sentimento (emocional) = percepção consciente do que ocorre no corpo e na mente durante a emoção.
- Sentimentos são imagens dinâmicas relacionadas ao corpo.
- Sentimentos como imagens do mapeamento do estado corporal.
- Sentimento dá-se na mente, requer consciência e é susceptível à vontade ≠ emoção (no corpo, dispensa a consciência, é involuntária).
- A vivência das ocorrências (sentimento) é determinada pelos valores.
- Valorização é recurso para a sobrevivência.
- Valor biológico = preservação da vida.
- Valor maior = bom funcionamento = prazer → sentimento positivo: aceitação.
- Valor menor = pior funcionamento = dor (punição) → sentimento negativo: rejeição.
- Bem-estar = manutenção na faixa homeostática adequada.
- Cada imagem, um valor.

- O valor recebido pelas imagens depende do sistema biológico de valor originário do indivíduo e das suas disposições adquiridas ao longo da vida pelo aprendizado.
- Imagens associadas à forte carga emocional podem formar complexos afetivos inconscientes.
- Ativação de complexos libera emoção, que gera sentimentos a despeito de nossa vontade de senti-los.
- Sentimentos = percepção do estado do corpo e do estado de espírito, em certo momento.
- Sentimentos referem-se à harmonia (positivos) e ao desacordo (negativos) que acontecem no interior do corpo.
- Sentimentos positivos/prazer = regulação ótima do organismo.
- Sentimentos negativos/dor = regulação difícil.
- Sentimento permite escolher-se como deverá ser a autopreservação.
- Valores determinam as escolhas, por exemplo: Prefiro a dor antes a depois?
- Sentimento é o grande determinante do comportamento.

# 4
# Sentimento, comportamento (escolhas) e visão de mundo

Os sentimentos e as emoções pesam nas nossas escolhas e, por conseguinte, em nossos comportamentos e no modo como nos adaptamos à realidade. Tome-se como exemplo o comportamento de quatro indivíduos diante de um copo d'água pela metade:

Um primeiro indivíduo pode, vendo a metade vazia, sentir-se ansioso e, com isso, ter pensamentos negativos a respeito do futuro e ficar agitado, desfocar a sua atenção do que estava fazendo e até interromper para procurar onde tem mais água para depois que a água do copo tiver acabado.

Outro indivíduo, também vendo que está metade vazio, pode sentir-se injustiçado e revoltado e ter pensamentos correspondentes, por exemplo, de que não é justo ele não ter um copo cheio, e comportar-se de acordo, blasfemar contra o mundo injusto, agredir etc.

Um terceiro indivíduo vê a metade cheia e fica tranquilo, pensa ter água o suficiente e age calmamente, dosando o que tem e o que usa, a cada momento.

Um quarto, vendo a metade cheia do copo, sente-se grato, tem pensamentos otimistas e um desejo de retribuir o que recebera de graça, comportando-se solidariamente.

O mesmo copo d'água pela metade despertando sentimentos, pensamentos e comportamentos diferentes. Num primeiro momento, o sentido da visão (função sensação) deve ter visto algo identificado pela função pensamento como um copo d'água pela metade, um fato objetivo igual para os quatro indivíduos do exemplo acima, mas que resultou em comportamentos bem diferentes. Provavelmente, o copo desencadeou emoções distintas em cada um, originando os diferentes sentimentos e pensamentos subsequentes que pesaram nas decisões de como se adaptaram à realidade, de como se comportaram.

Os exemplos deixam clara a observação de Jung de que "o sentimento é, primeiramente, um processo de todo *subjetivo* que pode independer, sob todos os aspectos, do estímulo exterior, ainda que se ajuste a cada sensação" (JUNG, OC, vol. 6, § 896). Ou seja, o sentimento é subjetivo e pode independer das características do estímulo, o qual funcionaria mais como um instrumento para ele aparecer. (Ressalta-se isso para começar a mexer em um hábito humano de atribuir ao outro a causa de nosso sentimento. Quem já não disse: "Ele me dá raiva!", atribuindo a responsabilidade por sua raiva à outra pessoa?)

Os diferentes sentimentos, nos exemplos, disseram mais a respeito do mundo interno de cada pessoa do que sobre o mundo externo, afinal, era o mesmo mundo externo (copo com água pela metade) para os quatro indivíduos. Pelos exemplos, também é possível se entender a emoção, a qual fora distinta para cada indivíduo diante do copo pela metade (mundo externo), como uma projeção do mundo interno no externo.

A singularidade individual diante do mesmo fato tornara-se evidente, mas o que estaria atuando para tamanha diferença? Isso seria apenas uma questão de se ter estruturas cerebrais ou orgânicas diferentes? Ou haveria um fator intermediário à estrutura e o modo de ser no qual se pode atuar, um fator que mudasse com a transformação da pessoa ou cuja mudança incorresse na transformação do indivíduo?

Ficando na segunda hipótese, pode-se sugerir que aquele fator pudesse ser a visão de mundo individual, algo como o modo de ver. Se pensar na estrutura como determinante do comportamento e da visão de mundo, a estrutura poderia ser inata, mas não deixaria de ser modificável, uma vez que, como se sabe hoje, pela experiência e pela vontade e repetição pode-se aprender e, graças à neuroplasticidade cerebral, inclusive a estrutura do sistema nervoso central e seus padrões de relações podem se modificar. Ou seja, independente de quem venha primeiro, a estrutura ou a visão de mundo, o indivíduo é o responsável por si, pois há um âmbito de escolha, o do que fazer do que se é.

A hipótese de que a visão de mundo possa ser um elemento intermediário entre o indivíduo e o mundo a influenciar nas suas emoções, sentimentos, pensamentos e comportamentos (portanto, nas suas escolhas) vem da observação de Jung (OC, vol. 16/1, § 97) de que "a maioria das coisas depende muito mais da maneira como as encaramos, e não de como são em si". Há uma importância dada à subjetividade implícita nesta observação que é a mesma subjetividade inerente aos sentimentos ("O sentimento é, primeiramente, um processo de todo *subjetivo*" (JUNG, OC, vol. 6, § 896)).

É preciso, por exemplo, ver algo como uma ameaça para se sentir medo e ficar amedrontado, isto ocorrendo independente da ameaça ser real ou imaginária. O sentimento de se estar amedrontado pode fugir à lógica e, como todo sentimento, não se desfará com explicações lógicas. O sentimento é racional, mas a sua "lógica" não é a do pensamento; as suas razões baseiam-se em valores. (P. ex.: se alguém tem medo de cachorro, não adianta dizer que ele não morde, pois cachorro tem um valor negativo para a preservação da vida daquela pessoa, um valor que pode vir a mudar pela experiência, mas não por uma fala lógica.)

Uma vez que os sentimentos diferem entre as pessoas para uma mesma coisa, nota-se que o valor apreendido depende mais de como as coisas são encaradas, da visão de mundo pessoal, do que das coisas em si. Os valores dependem da visão de mundo de cada um.

É a visão de mundo que determina como alguém vê o mundo; ela orienta a vida da pessoa e, assim, as suas escolhas. A visão de mundo não é simplesmente como um indivíduo pensa o mundo ou acha que pensa o mundo, embora ela interfira nos conceitos e julgamentos que a pessoa faça (pensamento). A visão de mundo não se refere ao discurso da pessoa – se ela tem um discurso mais materialista, espiritualista, ecológico, liberal etc. – , mas a de que modo a pessoa vive a sua vida (as escolhas que faz, em função do quê) que, na prática, pode ou não ser coerente com o seu discurso.

A visão de mundo relaciona-se mais ao direcionamento do ponto de vista do indivíduo, ou melhor, se o ponto de vista é de onde parte o olhar, a visão de mundo seria para aonde vai esse olhar, para onde se está olhando: Em qual direção e sentido? Portanto, a visão de mundo indica o sentido da vida da pessoa, em função do que ela vive.

Segundo Jung, a visão de mundo orienta a vida da pessoa e é subjetiva (OC, vol. 16/1, § 180) e individual. Ela não é estanque, mas se transforma ao longo do amadurecimento da pessoa. O amadurecimento, por sua vez, decorre da compreensão pela experiência capaz de conduzir à expansão da consciência. Dizer que a visão de mundo transforma-se com a compreensão pela experiência, significa que não é o entendimento via explicações lógicas que a transforma, mas a vivência. Assim é, também, o sentimento.

Jung alerta-nos que a visão de mundo influencia diretamente no bem ou mal-estar psíquico:

> A visão de mundo está diretamente relacionada com o bem-estar psíquico. Afinal, isso pode ser verificado pela influência verdadeiramente colossal que a maneira de ver as coisas, isto é, a filosofia de vida de uma pessoa, exerce sobre a sua vida e o seu estado de alma. Tanto é assim, que quase se pode dizer que as coisas são muito menos como elas são, do que como nós as vemos (JUNG, OC, vol. 16/1, § 218).

O ditado *dor é inevitável, sofrimento é opcional* sinaliza que o sofrimento é sujeito ao arbítrio, podendo ser um adicional voluntário à dor (inerente à vida), pois ele é dependente de como se encara a vida e se lida com a dor. Segundo o modo de ver, a visão de mundo, a dor pode ser aumentada ou suavizada. Conforme observou Jung:

> A simples reflexão sobre por que certas situações de vida ou certas experiências são patogênicas, nos faz sentir que a maneira de ver as coisas muitas vezes tem um papel decisivo. Certas coisas parecem perigosas, impossíveis, ou nocivas simplesmente porque existem maneiras de ver sobre esse prisma (JUNG, OC, vol. 16/1, § 22).

Se a visão de mundo faz com que alguém vivencie algo como agradável ou desagradável, com sentimentos, respectivamente, positivos ou negativos, pode-se deduzir que a visão de mundo tem relação com os valores pessoais, além de influenciar nas nossas crenças.

A visão de mundo é diretamente relacionada aos nossos valores, os definidores das nossas prioridades e, portanto, atua nas nossas escolhas. Entretanto, se as escolhas – nossos valores – entrarem em choque com as relativas ao bom funcionamento orgânico, o sentimento resultante experimentado conterá algum grau de dor e, mais uma vez, as nossas prioridades ou ordem de valores é que vão determinar se persistiremos na escolha ou mudaremos.

Explicando de outro modo: O valor alto é dado, biologicamente, para o que preserva a vida e, se eu escolho algo por ser a minha prioridade por entender que isso é importante para mim (para a preservação da minha vida ou de meu eu), mas a resultante não for boa para a preservação da vida, cedo ou tarde, haverá dor. Por exemplo, se decido sempre dormir pouco para estudar ou para sair, por priorizá-los; em algum momento sofrerei as consequências dessa escolha, pela falta de equilíbrio nas minhas prioridades, em que não considero as minhas necessidades. Se resolver dormir em vez de sair e o fizer contrariado, porque preferiria sair, ficarei chateado (sentimento negativo = dor), enquanto não mudar meus valores e incluir a minha saúde, de modo à minha nova conduta dever-se a eu querer e não a "ter que" (= obrigação). Mudando a forma de ver para uma em que inclua o meu bem, aceitarei não sair e equilibrarei as minhas escolhas de tal forma a sair com moderação e gostando da escolha – não haverá mais chateação.

Já que os sentimentos são atrelados aos valores individuais e ambos dependem da visão de mundo de cada um, pode-se concluir que os sentimentos variam segundo a visão de mundo da pessoa (como nos exemplos do início do capítulo) e que é a visão de mundo a responsável pelo indivíduo ter determinados sentimentos e não outros (mais do que a situação externa). Uma vez que a visão de mundo dele mude, a emoção e o sentimento deflagrados em determinada situação poderão variar e, consequentemente a escolha/o comportamento.

Entretanto, como veremos adiante, é possível fazer uma escolha e ter um comportamento diferente do que se faria a partir de determinado sentimento, pois, ter um sentimento não implica, necessariamente, que se aja de acordo com ele. Uma vez que se tenha consciência do sentimento, é possível optar em se guiar ou não por ele, fazendo surgir o sentimento correspondente ao comportamento adotado.

William James afirmara que, se a pessoa agisse de certo modo, talvez tivesse o sentimento correspondente (SCHARTZ, 2005: 89) e é essa a base para o princípio do movimento contrário do A.A. (Alcoólicos Anônimos): fazendo o contrário do que faria impulsionado por um sentimento negativo – desde que a pessoa não negue a existência desse sentimento negativo, nem se apegue a ele, defendendo-o e justificando-se –, é como se a pessoa sentisse o oposto e, de tanto repetir, ela terminaria por desenvolver esse novo sentimento, vindo a perceber o seu surgimento de modo espontâneo, enquanto passaria a se comportar de acordo com ele de forma natural. Nesse processo, a pessoa estaria se transformando na medida em que, junto à nova conduta, estaria despontando uma nova visão de mundo. Concluindo, a relação entre comportamento, sentimento, valores e visão de mundo pode se dar no sentido oposto ao habitual, como atestam muitos membros de A.A. e N.A., e como propôs William James. (Mais detalhes no cap. 7: "A escuta dos sentimentos".)

Aquela relação faz-nos pensar numa outra aplicação para o sentimento. Além de nossos sentimentos servirem para a avaliação do mundo para nos orientarem na adaptação à realidade externa, direcionando a um comportamento mais adequado à sobrevivência e ao bem-estar, eles também serviriam para, uma vez conscientizados, assumida a própria responsabilidade por eles e escutados, ensinar-nos sobre nós mesmos, isto é, sobre nosso mundo interno, nossa visão de mundo e valores e, se for o caso, por qual transformação nós precisaríamos passar para melhor nos sentirmos.

Embora costumemos ver no mundo externo a causa para o que sentimos, o mundo externo não é a causa em si, funcionando mais como uma oportunidade dos sentimentos surgirem, pois o sentimento é uma função de relação. É necessário haver a interação do mundo interno com o mundo externo ou com um conteúdo interno para que o sentimento ocorra. (Relembrando Jung (OC, vol. 6, § 896): "Sentimento como [...] um processo que se realiza **entre** o eu e um dado conteúdo, um processo que atribui ao conteúdo um *valor* definido".)

Desse modo, a causa dos sentimentos estaria mais relacionada a nós mesmos do que à realidade externa. A realidade externa funcionaria como a tela em que o mundo interno é projetado por meio da emoção deflagrada no encontro com o mundo externo, e a vivência consciente daquela emoção produziria o sentimento.

Jung, discorrendo sobre a função sentimento numa sessão de perguntas em 1959, chamou a atenção para a necessidade de se estar em relação para se aprender a respeito de si mesmo e se perceber o que se sente:

> [...] o quanto, por si só, é necessário aprender e perceber os sentimentos corretos e o quanto isso não é possível quando estamos sozinhos. Quando prendemos alguém no cume do Mont Blanc, ele será incapaz de tomar consciência de qualquer coisa [...]. Mas, quando ele está com outra pessoa junto dele, pode ter consciência do estado em que ele se encontra e do estado em que o outro se encontra (JUNG, 2014: 13).

A fala de Jung pode ser exemplificada pela situação em que estamos nos acreditando tranquilos e felizes até que alguém se esbarre em nós e reajamos brutalmente revelando o nosso engano e o estado raivoso presente; enquanto, em momentos em que realmente estamos bem, é possível não nos perturbarmos nem por um empurrão intencional.

Foi fazendo experiências com Bleuler (médico e colega de Jung) e comentando assuntos que o desagradava, que Jung observou que quando alguém "está sozinho consigo mesmo, não sabe o que de fato a coisa representa para ele ou o quanto o atinge" e concluiu que "somos pouco capazes de avaliar o que o assunto realmente representa para nós" e por isso Jung disse ter passado a aconselhar as pessoas "a falarem sobre as suas questões, pois assim percebem que valor, de fato, as coisas têm para elas" (JUNG, 2014: 11-12).

Qualquer um já deve ter passado pela experiência de notar-se exasperado (ou exaltado ou nervoso ou ansioso ou triste...) ao narrar ou ouvir sobre determinado assunto, embora, antes de narrar ou ouvir, talvez não soubesse que lhe afetava tanto ou como afetava.

O valor das coisas para nós, o que elas representam e o quanto nos atingem tornam-se visíveis por intermédio dos sentimentos. Mas, a grande revelação dada pelos sentimentos não diz respeito às coisas em si ("As coisas são muito menos como elas são, do que como nós as vemos" (JUNG, OC, vol. 16/1, § 218)), mas a nós mesmos, aos nossos valores e à nossa visão de mundo.

Os sentimentos têm relação com os valores pelos quais pautamos as nossas escolhas, e os sentimentos serão positivos (sem dor e com variações de prazer) ou negativos (sem prazer e com variações de dor) dependendo de nossos valores e, automaticamente, de nossa visão de mundo estarem de acordo ou não com os necessários à sobrevivência com bem-estar, olhando numa perspectiva estritamente biológica. O prazer e a dor e a sensação de bem ou mal-estar são importantes para pensarmos a respeito das escolhas atuais, pretéritas e futuras e sobre a ordem de valores na qual, na prática, baseamos as nossas vidas.

Entrando em contato como os nossos sentimentos e escutando-os, no sentido de observar o que eles comunicam sobre nós mesmos, podemos descobrir com base em quais valores nos conduzimos e perceber a visão de mundo no qual eles se apoiam. E, se desejarmos conquistar o bem-estar a partir de dentro, não haverá outro caminho que não seja uma transformação íntima do ser – a qual vem acompanhada de uma mudança da visão de mundo –, já que é o mundo interno que os sentimentos refletem. Pegando os exemplos do início do capítulo, o indivíduo que fica revoltado está preso no seu interesse, o ansioso também está preso em seu ego e não confia na vida, ambos para sentirem-se melhores precisariam mudar a visão de mundo em vez de esperarem que a vida mude e lhes dê um copo cheio.

É bem verdade que se pode aplacar um sentimento negativo e obter um bem-estar a partir de fora por meio de comportamentos que trazem prazer imediato como comer, comprar, ter relações sexuais etc., porém, é um bem-estar transitório por não sustentarem a homeostasia – lembrando: o bem-estar relaciona-se à manutenção do organismo na faixa homeostática adequada – e, muito amiúde, causam ou amplificam uma sensação de vazio, de modo que, visando manter o bem-estar, pode-se cair na compulsão, enquanto se evita entrar em contato com sentimentos negativos e refletir sobre si mesmo.

O bem-estar também pode vir a partir de fora por meio de drogas lícitas e ilícitas, porém, é igualmente fugaz e ilusório, isto porque o corpo terminará por estar sofrendo e funcionando com certa dificuldade, divergindo do sentimento causado pela droga.

Nas suas pesquisas, Damásio observou que

> os mapas da alegria podem ser falsificados pelas drogas e podem, por isso mesmo, não refletir o estado atual do organismo. Alguns dos mapas ligados às drogas refletem uma melhoria transitória das funções do organismo. Cedo ou tarde, no entanto, a melhoria não é sustentável biologicamente e serve apenas de prelúdio para a degradação das funções biológicas (DAMÁSIO, 2004: 146-147).

E sobre determinado remédio ansiolítico, popularmente chamado de calmante, Damásio concluiu que ele "remove o componente afetivo da dor, mas a sensação de dor é mantida intacta. Vai-se a preocupação, mas fica a dor" (DAMÁSIO, 2004: 112).

Possivelmente, aquilo ocorre porque muitas das drogas psicoativas, muito frequentemente, mudam o mapeamento corporal cerebral e podem estimular a área cerebral da recompensa, mas não necessariamente levam ao bom funcionamento orgânico, não correspondendo ao que realmente ocorre a níveis celular e tecidual, no corpo, isto é, há sensação de bem-estar, mas, na realidade, pode estar havendo dor, a alerta de uma dificuldade ao bom funcionamento orgânico, de uma possível lesão e/ou degeneração orgânica. (Como sob a anestesia, o corpo pode ser lesionado, mas não sentimos a dor que está acontecendo.) Não há reações homeostáticas ocorrendo com facilidade para um funcionamento orgânico harmônico, o que deveria ser o responsável pelo bem-estar (em condições normais).

Apesar do bem-estar conferido pelas drogas, as reações orgânicas poderiam estar ocorrendo até contrárias ao livre fluxo da vida e, assim, quando o efeito da droga passasse, elas contribuiriam para o mal-estar subsequente.

O médico, quando, em determinadas situações, recomenda a psicoterapia adjunta ao uso de psicotrópicos, está reconhecendo que, se o paciente não buscar a causa em si para o seu mal-estar e procurar aprender com o seu sintoma, ele estará perdendo a oportunidade de, com o bem-estar que a substância psicoativa traz facilitando o seu trânsito na vida, transformar-se. Porém, para isso, ele precisará confrontar-se com a sua dor e encontrar em si a causa e a solução para ela, solução esta que virá acompanhada de uma mudança na sua visão de mundo (já que o sentimento é dependente dela) e da renovação de seus valores.

Se um indivíduo declinar-se a confrontar com a sua dor e preferir manter-se narcotizado usando alguma droga que traga bem-estar e pretender estar permanentemente sentindo-se bem, recusando-se a aceitar a condição da vida humana, na qual a dor é inevitável, praticamente, invariavelmente, tornar-se-á um dependente, um drogadito. A cada mal-estar, em vez de mudar a sua escolha, o indivíduo optará pela droga capaz de devolver-lhe o bem-estar, ainda que ilusório e transitório. Agindo assim, ele pode chegar a desenvolver uma dependência às drogas. (O mesmo ocorre em outras relações de dependência como a compras, sexo, jogo, internet etc.)

Na progressão da doença dependência de drogas, a pessoa vai dando prioridade à droga em detrimento dos outros valores, no intuito de permanecer sentindo-se bem e/ou de evitar a vivência da dor. O indivíduo passa a ter na droga – a sua obtenção, o consumo dela e a recuperação do uso – o seu valor máximo na vida. Em função de garantir o uso da droga, os demais valores irão se deteriorando na medida em que a necessidade da droga (dependência) for aumentando. Entre usar a droga e o seu trabalho, a sua família, as suas finanças, a sua saúde, o seu nome e dignidade etc., o dependente, muito frequentemente, vai optar pela droga e terá dificuldade para fazer uma escolha diferente. Citando Damásio (2004: 163), "tanto no alcoolismo como na toxicomania os processos de decisão deterioram-se e o número de decisões vantajosas para o próprio indivíduo reduz-se com o tempo".

A prioridade ou primeira escolha do dependente é a droga, consequentemente, os conteúdos da consciência dele serão ordenados tendo como valor primeiro a droga. A droga passa a ser o sentido da vida do dependente: por ela é capaz até de correr o risco de morrer; ele entrega a sua vida à droga e ela passa a nortear as suas escolhas; a droga torna-se o seu senhor. De certa forma, o dependente vira um escravo da droga, incapaz de exercitar o seu livre-arbítrio, daí derivando o termo adição, que significa escravidão e devoção absoluta. (O mesmo pode se dar em outras dependências como de jogo, sexo e compras. Se você duvidar que esses comportamentos possam se tornar a prioridade na vida de alguém, observe quantas famílias foram desestruturadas ou tiveram grandes perdas financeiras em função de tais dependências.)

Aquilo que se passa no dependente de drogas e álcool (ou de comportamentos como de sexo, jogo, compras etc.), na ativa e na recuperação, é um bom exemplo do papel dos valores nas nossas escolhas e na visão de mundo.

Para que o dependente de álcool e outras drogas (ou de certos comportamentos) liberte-se, é preciso que o álcool e a droga (ou o comportamento) percam o seu valor em função de um valor maior, um valor que seja capaz de motivá-lo a viver, ou seja, a enfrentar as dores da vida em vez de narcotizar-se. Assim, o indivíduo será capaz de fazer escolhas nas quais adia o prazer imediato da droga (ou do comportamento) em favor de um bem maior, que, naturalmente, incluirá o próprio bem, e este (o bem) passará a ser o novo sentido de sua vida. O indivíduo entrará em recuperação e a sua visão de mundo começará a transformar-se. Esse novo valor maior do que da droga (ou de certos comportamentos) pode ser relacionado à sua saúde, a um filho, à família, à sua dignidade, ao trabalho etc.

A recuperação, conforme a concebem os grupos anônimos e a sua programação (ALCOÓLICOS ANÔNIMOS, 1994), envolve a passagem de uma visão de mundo presa à droga e aos interesses da pessoa para uma outra visão de mundo, a qual vai se descortinando na medida em que a pessoa resgata ou descobre novos valores ao sair do seu interesse. Os seus interesses egoístas (o prazer momentâneo) deixam de ser a prioridade – portanto eles deixam de ter o valor máximo –, em função de um valor maior, o Bem (i. é, tudo o que conduz à vida).

A pessoa aprende a fazer escolhas priorizando o seu bem: as suas necessidades, o que lhe é conveniente ou não e, frequentemente, em detrimento dos seus interesses. "Há uma sutil e grande diferença entre dirigir-se só por seus interesses (egoísmo) e dirigir-se baseado em suas necessidades, ou seja, pelo seu bem. Eles podem até ser contrários" (BENZECRY, 2010: 45).

Um dependente que deixa de se drogar e passa a ter de confrontar-se com o mundo "de cara limpa" notará surgirem sentimentos que revelarão como ele é afetado pelo mundo segundo os seus valores e visão de mundo – assim como pode ocorrer com qualquer pessoa "de cara limpa". No encontro com o mundo, certas emoções são desencadeadas e geram determinados sentimentos, que podem ser positivos ou negativos, e apenas lhe restará como alternativa à adição escutá-los e aprender com eles, caso almeje encontrar dentro de si um bem-estar mais duradouro.

Ou seja, a dependência nas fases de ativa e de recuperação demonstra-nos que, assim como a causa do mal-estar está em nós mesmos, a saída dele e a geração do bem-estar, também estão dentro de nós, não havendo atalhos.

Se a dor que acompanha o sentimento negativo tem relação com os nossos valores e com as escolhas resultantes deles, e os valores relacionam-se à nossa visão de mundo, para encontrar o bem-estar, resta-nos transformarmos a nós mesmos mudando nossos valores/escolhas e visão de mundo e, neste processo, a personalidade pode se expandir.

"A verdadeira ampliação da personalidade é a conscientização de um alargamento que emana de fontes internas" (JUNG, OC, vol. 9/1, § 215).

## ☞ DA TEORIA À PRÁTICA – SUGESTÕES

O copo com água pela metade é uma metáfora das várias situações que ocorrem em nossas vidas. Possivelmente, os quatro indivíduos dos exemplos representam a todos nós em diferentes circunstâncias da vida. Reflita sobre as circunstâncias em que você foi como cada um deles. Anote o sentimento, a circunstância, seus pensamentos e comportamentos. Haveria outros modos de ver para cada situação?

Aos quatro modos de encarar citados, poder-se-ia acrescentar outros modos; por exemplo, alguém sentir-se vítima e ter sentimento de autopiedade por ter um copo pela metade, crendo-se incapaz de conseguir mais e comportando-se como tal. Outro indivíduo poderia se sentir culpado por ter meio copo d'água etc. Veja como você, mais frequentemente, encara algumas situações da vida identificando quais são os sentimentos e pensamentos mais recorrentes. Se você estiver fazendo um diário ou anotações frequentes, busque a resposta neles. Nas sugestões do cap.3: "Emoção e sentimento" está escrito "Fazendo diariamente as sugestões acima, ao final de um período você terá um retrato capaz de revelar o(s) seu(s) sentimento(s) mais recorrente(s)", pois é, esse retrato está revelando a sua forma habitual de encarar a vida.

Procure refletir se algum sofrimento seu tem relação com a forma com que você encara algum fato da vida ou o modo com que você vê a si mesmo, e reflita se haveria outras formas de encarar. Por exemplo, se algo o revolta, escreva no seu caderno e tente reescrever aquela situação com um olhar de gratidão. Geralmente, na mesma frase que contém o motivo da revolta está a oportunidade da gratidão (revolta por ter menos água do que gostaria X gratidão por ter água). Nas sentenças escritas por você, experimente reescrevê-las com qualidades opostas (p. ex.: sinto culpa por ter perdido o emprego X aceito (ou perdoo-me) ter perdido o emprego). Medite sobre essas novas frases, mas não se force a ver por esse novo prisma. Se ocorrer, que seja naturalmente, pois outro modo de ver deve nascer "de fontes internas" e a repressão de um sentimento apenas agrava a situação. Além disso, quando outra forma de ver é imposta, isso é sentido como negação das razões do eu relacionadas à sua preservação e como uma desvalorização da pessoa.

Pegue um copo d'água pela metade e olhe para ele. Experimente fixar a sua atenção na parte vazia e imaginar diferentes sentimentos e, depois, fazer o mesmo fixando a atenção na parte cheia. A seguir, imagine-se com sede diante do copo e tome consciência de seu sentimento. Houve diferença na qualidade dos sentimentos? Houve interferência de para onde se olha e do que se valoriza nos sentimentos? (Ex.: valorizando a água que não tem ou dando a si um valor maior do que se é, alguém pode sentir revolta ou chateação etc. por ter pouca água; já valorizando a água que tem, alguém pode sentir satisfação, gratidão, alegria etc. Porém, se alguém vê a água e julga-se mais importante do que é, pode sentir orgulho por ter água; alguém pode ter inveja se comparar a sua água a que o outro tem; assim por diante.)

Pergunte-se o que lhe impede de encarar de outra forma em determinadas circunstâncias. O que, por exemplo, aprisiona-o a certa visão de mundo? Registre no seu caderno.

Enquanto você fala sobre determinados assuntos ou escuta sobre eles, observe-se; dirija a sua atenção para o seu tom de voz, a sua expressão facial, os seus gestos etc., para as suas reações emocionais e tente identificar o sentimento presente. Assim você poderá observar o que o assunto e/ou o seu interlocutor representam para você. Às vezes, enquanto falamos podemos perceber uma atitude de raiva, de submissão, ansiedade etc. e mudar ainda durante o discurso. Depois, perguntar-se: Por que essa raiva ou a submissão ou a ansiedade [...] e de onde vêm? Elas não vêm do outro, mas da sua visão de mundo e de experiências pretéritas que o ensinaram a atribuir aquele valor às experiências semelhantes. Assim, algumas vezes, expressamo-nos com certa atitude na expectativa de uma dor baseados em vivências passadas e, sem querer, acabamos determinando à situação justamente o curso que não gostaríamos. (P. ex.: uma pessoa tem a expectativa de ser desprezada e, por isso, age evitando olhar para o outro que, então, reativamente, despreza-a.)

Às vezes, é nosso interlocutor quem nos chama a atenção para a nossa emoção dizendo, por exemplo, "Por que você está agressivo?". O curioso é que somos capazes de negar: "Eu não estou agressivo". Da próxima vez, experimente admitir, principalmente, para si mesmo.

Assistindo a um filme, brinque de denominar o que o ator está sentindo. Normalmente, percebemos os sentimentos das personagens, assim como percebemos, numa conversa, o que o nosso interlocutor sente a ponto de reagirmos a ele. Porém, se tomar consciência do que é seu e do que é dele, você pode conseguir fazer um desligamento emocional (isto é, não ficar reativo à emoção do outro).

Note as vezes em que você procura aplacar um sentimento qualquer (como ansiedade, tristeza, revolta e euforia) com comportamentos como comer, jogar videogame e fazer compras ou com substâncias psicoativas como álcool e ansiolíticos e como isso tende a caminhar para uma compulsão, uma vez que o bem-estar é transitório. Quando isso voltar a acontecer, procure entrar em contato com o sentimento que o mobiliza e escreva-o no seu caderno. Adiante, veremos como se pode lidar com ele mais adequadamente e conquistar o bem-estar a partir de dentro. De qualquer forma, apenas o ato de colocar para fora escrevendo a respeito do que se está sentindo pode resolver o sentimento e auxiliá-lo a refletir e relativizar. Se preferir, você pode fazer um desenho ou colagem em vez de descrever. (Uma vez ou outra, aplacar a dor com recursos externos na falta de estrutura interna para enfrentá-la é normal, o problema é quando isso se torna um hábito.)

Observe, efetivamente, o que costuma nortear as suas escolhas e quais as suas prioridades na vida. Como, por exemplo, você distribui o seu tempo e como emprega o seu dinheiro? Em que você os gasta sem titubear e em que você resiste? Faça uma tabela dando a graduação de sua facilidade ou resistência a fim de poder visualizar as suas preferências e evitar o autoengano. A divergência entre o discurso e a prática, muitas vezes, é a causa de sentimentos que revelam o conflito.

Às vezes, a forma com que agimos e nossos sentimentos indicam que damos um alto valor a alguma coisa, isto é, que a vemos como essencial para nossa preservação. Entretanto, se nos imaginássemos perto da morte, sabemos que, facilmente, abriríamos mão desse valor em nome de um valor maior que ele. Reflita em relação a algumas coisas e a sentimentos que você parece apegado: Você manteria esse apego se acaso você se situasse diante de sua mortalidade? Se não manteria, por que sustentá-lo? (Ex.: Não fala com um parente por ressentimento; mas se um dos dois fosse morrer amanhã, falaria? Não expressa claramente seu amor a alguém por vergonha, mas, diante da morte, seria claro?)

Leia e-mails antigos ou comentários nas redes sociais que você já fizera e brinque de descobrir o seu sentimento por trás revelando o valor do tema ou do interlocutor para você. Se, por ventura, algum interlocutor for alguém que você não gosta ou tem alguma restrição a ele, imagine o contrário, que fosse alguém que você gosta e, honestamente, veja se o seu comentário seria diferente, se você seria, no mínimo, mais condescendente. Essa é uma sugestão cuja finalidade é irmos buscando a interferência de nossos sentimentos nas nossas atitudes e buscarmos a honestidade emocional, um pré-requisito para o autoconhecimento. Honestamente, veja se há raiva, ciúme, inveja, orgulho ferido, mágoa etc.

por trás de suas falas. Geralmente, a gente consegue ver com mais facilidade nas falas dos outros do que nas nossas, assim, se quiser, comece por eles, mas, cuidado, frequentemente, apontamos nos outros características que são nossas. Então, se apontar um aspecto do outro, depois olhe se o tem em si.

Sentimento é função entre: fale a respeito de diversos assuntos com amigos no intuito de, estando em contato com esses assuntos, possa ser-lhe revelado o que eles representam para você. Por exemplo, fale de assuntos que envolvem mágoas e perdão que você gostaria de resolver. Às vezes, achamos que uma mágoa fora resolvida ou que já perdoamos alguém e, quando falamos, descobrimos que não, que ainda somos afetados. É melhor descobrir falando com alguém do que ao ser exposto pela situação que deflagraria a emoção. Observando antes, você tem a chance, se quiser, de começar a mudar isso: não por explicações lógicas, mas mudando a visão de mundo como veremos nos próximos capítulos.

Mudar a visão de mundo requer a compreensão pela experiência, a qual nos leva a mudarmos nossos valores e isso ocorre ao longo da vida de todos. Entre em contato com evidências de amadurecimento. Olhe uma foto antiga sua e recorde as mudanças que vieram com a experiência: os valores diferentes; as falas dos outros que você não gostava de ouvir, mas que hoje você não daria importância; as coisas e atividades que lhe pareciam fundamentais quando mais novo, mas hoje são irrelevantes etc. Converse com seus pais sobre os seus avós: você verá que os seus avós podem ser diferentes dos pais deles; seus avós podem ser mais amorosos e tolerantes, por exemplo, do que as pessoas que aparecem no relato de seus pais. Conscientizar-se do amadurecimento nosso e de pessoas que amamos pode ajudar a sermos mais benevolentes com as falhas presentes, passadas e futuras nossas e dos outros.

Lembre-se: sentimento e pensamento são funções da consciência racionais, mas excludentes, ou você ordena pelo valor ou pelo conceito, assim, não será pelo pensamento que o sentimento mudará as suas razões. O pensamento ajuda a entender, mas é preciso a vivência para se compreender e a vontade para se querer mudar. Uma transformação requer trabalho. A teoria sozinha não transforma, precisa-se querer e praticar.

### RESUMO DAS PRINCIPAIS IDEIAS

- A maioria das coisas depende de como as encaramos.
- Visão de mundo → como vê o mundo.
- Visão de mundo → corresponde a *em função do quê* se vive.
- Visão de mundo → orienta a vida e é subjetiva.
- Visão de mundo → transforma-se ao longo do amadurecimento.
- Amadurecimento = Compreensão pela experiência que leva à expansão da consciência.
- Bem e mal-estar são relacionados à visão de mundo.
- Visão de mundo → suaviza ou aumenta a dor.
- Sentimentos: servem para avaliarmos o mundo para a adaptação à realidade externa por meio de um comportamento mais adequado.
- Sentimentos: ensinam sobre nós mesmos, nosso mundo interno, nossa visão de mundo, nossos valores e sobre a transformação necessária para mudá-los, se for o caso.
- Sentimento é função de relação: entre. → Precisa-se estar em relação com algo para se saber como este algo afeta-o: Fale a respeito.
- Por meio da emoção, a realidade externa funciona como uma tela de projeção do mundo interno.

- Sentimento: revela o valor das coisas para a pessoa.
- Bem = o que favorece a vida.
- Vida = o valor biológico.
- Bem e mal-estar podem ser associados às escolhas, valores e visão de mundo pessoais.
- A conquista de bem-estar deve vir de fontes internas → transformando-se.

# 5
# Valores transcendentes, espiritualidade e visão de mundo

Toda visão de mundo tem como ponto de partida o ego, centro da consciência. Obviamente, se a visão de mundo se dirigir ao próprio ego (do ego para o ego), como ocorre quando ela está aprisionada nos interesses da pessoa, ela se esgotará nele, será estreita e a possibilidade de ampliação da consciência limitada.

Jung em *Presente e futuro* (OC, vol. 10/1), alertou para a necessidade de existirem fatores metafísicos, extramundanos, para que a consciência possa se expandir e para que o indivíduo possa se contrapor à massificação e encontrar e expressar a sua singularidade: "Pois uma atitude ante as condições externas da existência (o mundo) só é possível se existir um ponto de vista alheio a elas" (JUNG, OC, vol. 10/1, § 506).

Dizendo de outro modo, se o ponto de vista que parte deste mundo não estiver em relação com algo que esteja fora do mundo, um fator metafísico, há pouco espaço para a consciência se expandir, bem como, se o ponto de vista que parte do ego estiver voltado para o próprio ego, não há como a consciência se ampliar.

Podem-se entender fatores metafísicos, extramundanos, como sendo valores que transcendem a matéria, isto é, valores que são atribuídos à matéria, mas não estão nela. Popularmente, usa-se a expressão *não tem preço* para se referir à existência de tais valores.

Por exemplo, uma camisa pode ser olhada apenas como matéria, um pedaço de pano com certo corte e costura para se vestir, mas, se ela tiver pertencido a um ente querido, ela adquire um valor transcendente para o parente, um valor atribuído à camisa, que passa a ser da camisa, mas não está na camisa, tornando-lhe significativa para ele e distinguindo-a de outra camisa semelhante.

Valores transcendentes e a relação com eles são necessários para se encontrar valor na vida, para dar-se valor à própria vida. Se não fosse uma necessidade humana, os valores transcendentes não apareceriam desvirtuados após serem negados. Tomando uma camisa como exemplo, ela pode ter um valor maior do que outra idêntica por acrescentar-se a ela uma etiqueta com determinada marca e, na nossa sociedade com seus respectivos valores e massificada, possuir aquela camisa pode ser o que conferirá valor e singularidade a uma pessoa. Ou seja, numa sociedade materialista e massificada, a relação com um valor transcendente – com a sua capacidade de imprimir um valor a mais e de conferir singularidade a alguém –, por compor uma necessidade da psique humana, não fica desaparecida; ela cai no inconsciente e ressurge de forma deturpada.

Queiramos ou não, valores que transcendem a matéria existem potencialmente e são importantes para dar-se significado à vida, uma necessidade humana. Como lembra Zoja (1992), nascer não basta ao ser humano, pois ele anseia por dar valor à sua existência e precisa tornar a sua vida significativa e singular. A ideia de nascer e morrer como se não tivesse existido, isto é, como se a sua vida não fizesse diferença ao mundo e a si mesmo e fosse insignificante, dando no mesmo se acaso ele não tivesse nascido, geralmente, não lhe é suportável. Não basta nascer na carne, ser parido, é preciso nascer no espírito pela aquisição de uma consciência individual, a qual se desenvolve na medida em que a pessoa dá significado à sua vida. Não basta existir, precisa-se dar significado à existência e, para isso, faz-se necessário estar em relação com valores transcendentes. Os valores materiais relacionados "apenas" à sobrevivência tornam-se insuficientes para dar significado à existência.

Mesmo a vida precisa ser vista como mais do que simplesmente pó, matéria, para ser sentida como valorosa e, aí sim, a sobrevivência torna-se significativa, porém, não só a própria como a de todos. Isso não implica ter de acreditar na vida pós-morte, mas que a vida seja um valor que transcenda a matéria. Muitas pessoas entendem que a vida se esgota com o fim da matéria, mas, ainda assim, veem-na como valorosa e significativa por atribuírem valor à vida em geral e, efetivamente, buscam a preservação da vida, da sua e do próximo. Enquanto algumas outras que creem na vida pós-morte, às vezes, na prática, parecem não dar valor nem à própria vida.

A relação com valores transcendentes é capaz de fornecer um *para o quê se viver* suficientemente motivador para o enfrentamento das adversidades e para se resistir à acomodação diante das facilidades e, assim, ser possível tornar-se a vida significativa.

Na clínica, observam-se muitas pessoas se queixarem de não se sentirem úteis e, analisando-se, descobre-se que se referem a serem significativas. Talvez, o uso do termo *útil*, conscientemente, relacione-se mais aos valores de uma sociedade em que o principal é a produtividade do que a uma necessidade de servir (ser um servo da vida), de onde, provavelmente, nasce, no inconsciente, esse desejo de ser útil. Atualmente, também se vê uma ânsia por *parecer* feliz, bem-sucedido etc. e por *aparecer* (facebook, culto às celebridades etc.), o que pode ser mais uma expressão da necessidade de ser significativo. São formas desviadas daquela necessidade, que melhor se realizaria pela expansão da consciência e da personalidade individual com consequentes renovação dos valores e expressão da singularidade do indivíduo, ou seja, no âmbito do *ser*.

A busca por dar significado à existência individual é uma questão espiritual e dela não escapamos: "O homem é um ser condenado a buscar sentido, a captar que há algo que lhe transcende – isto é, a dimensão espiritual", lembra-nos Monteiro (2006: 15).

A espiritualidade estabelece-se e desenvolve-se pela relação do homem com os valores que o transcendem (LELOUP & HENNEZEL, 2003: 18). A relação com esses valores, por sua vez, indica a forma da pessoa olhar para a vida – a sua visão de mundo – e determina como ela a vive (KUSHNER, 1991: 21; LELOUP & HENNEZEL, 2003: 13-22).

Diariamente, o sentido da vida de cada pessoa está se realizando; ele se manifesta em como a pessoa vive hoje e isto depende de suas escolhas e das consequências delas. Em função de quê as escolhas são feitas, ou seja, para o quê a pessoa vive é o sentido de sua vida. Desse modo, o sentido da vida se realiza no presente, ressignificando o passado e apontando para o futuro, a fim de dar significado à existência.

A busca por sentido pode chegar a ser vital e, talvez, sempre o seja, como enfatiza Viktor L. Frankl (2014: 124), fundador da Logoterapia e sobrevivente do campo de concentração nazista, que afirmara ser "a busca do indivíduo por um sentido [...] a motivação primária em sua vida" e, continua ele, "esse sentido é exclusivo e específico, uma vez que precisa e pode ser cumprido somente por aquela determinada pessoa. Somente então esse sentido assume uma importância que satisfará sua própria *vontade* de sentido" (FRANKL, 2014: 124).

Viktor L. Frankl (2014), ao dizer que a cada pessoa cabe um sentido específico, está salientando que não há uma via única e *a priori* a dar sentido à vida, devendo ser traçada individualmente. Assim, o sentido confere singularidade a cada pessoa, entretanto, ele deve ser capaz de satisfazer o que ele chamou de *vontade* de sentido da pessoa.

Não há um sentido predeterminado, uma vez que "o sentido da vida só se cumpre no indivíduo" (JUNG, OC, vol. 10/2, § 229) e cada indivíduo é livre para escolher o que fará de sua vida e como viverá, dentro de suas circunstâncias. Essa escolha – portanto, o sentido da vida – pode variar a cada momento para uma mesma pessoa. Se alguém escolher viver em função de seus interesses, na ausência de valores transcendentes, este será o sentido de sua vida, contudo ele pode encontrar um vazio que não satisfará o que Viktor L. Frankl chamou de *vontade* de sentido e o sentido escolhido para a sua vida carecerá de dar um significado à existência suficientemente motivador para o enfrentamento dos desafios e dificuldades inerentes à vida e a possibilidade de expansão da consciência será bastante restrita.

Na visão da psicologia junguiana, apesar de não haver uma resposta objetiva para qual seja o sentido da vida, pode-se responder de uma forma genérica como sendo aquele que leva a uma ampliação crescente da consciência e esta se insere no processo de individuação.

> Apesar de Jung insistir na impossibilidade de dar uma resposta objetiva quanto ao sentido da vida, ele não se deu por satisfeito com isso [...]. Ele viu o sentido da vida como uma ampliação crescente da consciência [...]. Por esta razão, pode-se também compreender o processo de surgimento do consciente como uma individuação [...] cada pessoa tem de trilhar um caminho de destino próprio, uma individuação pessoal, para a realização do sentido de sua vida (JAFFÉ, 1995: 15-16).

Para Jung, o sentido da vida inscreve-se no processo de individuação. Ao colocar desse modo, Jung está apontando um caminho a todos, mas não determinando um resultado idêntico, isto é, ele está concordando com a ideia de Viktor L. Frankl (2014) de que o sentido é individual, dá singularidade a cada pessoa e, se estiver respondendo às necessidades de seu ser, satisfará a *vontade* de sentido referida por Viktor L. Frankl. Essa vontade de sentido, de certa forma, pode ser equiparada ao "instinto de realização do *Si-mesmo*" (OC, vol. 7/2, § 292) mencionado por Jung.

Individuação, segundo Jung,

> significa tornar-se um ser único, na medida em que por "individualidade" entendermos nossa singularidade mais íntima, última e incomparável, significando também que *nos tornamos o nosso próprio si-mesmo*. Podemos, pois, traduzir "individuação" como "tornar-se si-mesmo" ou o "realizar-se si-mesmo". [...] A individuação, portanto, só pode significar um processo de desenvolvimento psicológico que faculte a realização das qualidades individuais dadas; é um processo mediante o qual um homem se torna o ser único que de fato é. [...] Com isto procura realizar a peculiaridade de seu ser e isto [...] é totalmente diferente do egoísmo ou do individualismo (JUNG, OC, vol. 7/2, § 266-269).

No individualismo, há insaciedade e disputa, a pessoa está visando o seu interesse individual, presa no ego, cuidando de se proteger ou em auferir algum ganho e o outro é visto como objeto, um opositor ou um meio para se atingir algo. O individualismo é excludente. Já na individuação, a pessoa atende às suas necessidades e não aos seus interesses, há ampliação da consciência, expressão de qualidades antes em potencial, descobertas, amadurecimento e realização pessoal e, no processo de individuação, está-se numa relação com um semelhante, relação esta em que o bem de um implica o bem do outro, não há separação. O indivíduo não se coloca ou se vê em oposição ao mundo, mas pertencente a ele. "A individuação não exclui o mundo; pelo contrário, o engloba" (JUNG, OC, vol. 8/2, § 432).

O processo de individuação é aquele pelo qual o indivíduo torna-se o ser original que é; original no sentido de único e de referente à origem. É "a realização da personalidade originária, presente no germe embrionário, em todos os seus aspectos. É o estabelecimento e o desabrochar da totalidade originária, potencial" (JUNG, OC, vol. 7/2, § 187).

O processo de individuação é o tornar-se a *Si-mesmo* pela ampliação crescente da consciência na medida em que aspectos inconscientes, primariamente indiscriminados, vão sendo diferenciados e incorporados à consciência; o indivíduo vai se distinguindo da massa, enquanto a singularidade individual vai aflorando, resultando em maior individualidade e maior integração ao mundo. Há maior integração interna e com o mundo externo.

Na individuação, os aspectos inconscientes que são incorporados à consciência provêm do *Si-mesmo*, o centro regulador da psique e arquétipo da totalidade. O *Si-mesmo* é ao mesmo tempo o centro e o todo. Ele é o princípio e o fim do indivíduo, mas é impossível chegar-se a uma consciência do *Si-mesmo* (é incognoscível), porque

> [...] por mais que ampliemos nosso campo de consciência, sempre haverá uma quantidade indeterminada e indeterminável de material inconsciente, que pertence à totalidade do Si-mesmo (*Selbst*). Este é o motivo pelo qual o Si-mesmo sempre constituirá uma grandeza que nos ultrapassa (JUNG, OC, vol. 7/2, § 274).

"O *Si-mesmo* não é apenas o ponto central, mas também a circunferência que engloba tanto a consciência como o inconsciente. Ele é o centro dessa totalidade, do mesmo modo como que o ego é o centro da consciência" (JUNG, OC, vol. 12, § 44).

O *Si-mesmo* também pode ser traduzido como o arquétipo divino ("O *Si-mesmo* também pode ser chamado o Deus em nós" (JUNG, OC, vol. 7/2, § 399)), com a ressalva de que "este Si-mesmo (*Selbst*) nunca estará no lugar de Deus, mas talvez possa ser um *receptáculo* da graça divina" (JUNG, OC, vol. 10/3, § 874).

No processo de individuação, vai-se do ego, centro da consciência, em direção ao *Si-mesmo*. Este é o sentido pelo qual a consciência vai se expandindo, aquele que aponta para algo que a transcende; do ego para o *Si-mesmo*, num progressivo tornar-se a *Si-mesmo*.

Para que a consciência se amplie, ela precisa estar em relação com valores transcendentes. São valores potenciais do indivíduo, mas ele apenas os possui enquanto os encarna, isto é, vive-os conscientemente. Aqueles valores podem variar para cada pessoa e para a mesma pessoa em diferentes momentos e circunstâncias.

Naturalmente, em muitos momentos da vida estamos aprisionados nos interesses do ego e sem relação com valores maiores transcendentes. Neste caso, sentimentos relacionados à separação do todo, como os derivados do medo e da raiva, e sentimentos relacionados ao vazio de sentido, como de vazio, insatisfação, tédio e desânimo podem surgir e, se responsabilizarmo-nos por eles e escutarmos as suas mensagens, eles podem impulsionar a uma mudança de atitude orientada por valores maiores, transcendentes, na busca por sentir-se melhor.

Nós somos livres para escolher o que faremos de nossas vidas, porém não estamos livres das consequências de nossas escolhas. As consequências podem vir com prazer ou dor, recompensa ou punição, em curto ou em longo prazo. Como demonstrou Damásio, a expectativa de prazer/recompensa ou de dor/punição expressos por sentimentos que direcionam a uma aceitação ou uma rejeição subjetivas, respectivamente, é decisiva nas nossas escolhas, em condições normais. Nas decisões, consideramos também, a cada caso, se queremos aceitar a dor hoje para ter a recompensa amanhã ou o inverso, e isso depende dos nossos valores, da ordem deles, naquele momento. Não os valores do discurso, mas os que seguimos na prática. As escolhas são em função dos valores pessoais, os quais estão subordinados à visão de mundo individual.

Cada indivíduo organiza os seus valores em função do que lhe parece mais importante para a preservação de sua vida e escolhe em função deles. Às vezes, um indivíduo pode optar pela dor para ter uma recompensa depois associada a um valor maior (p. ex.: dedicação a uma tarefa árdua para o bem da família), em outras, ele pode optar pelo prazer imediato, ainda que lhe traga dor no futuro, se considerar que vale a pena, isto é, que o primeiro é mais valoroso.

Entretanto, se a consequência de alguma escolha vier com dor, a curto, médio ou longo prazo e a pessoa quiser evitá-la, só se livrará da consequência dolorosa se mudar a escolha, seus valores e visão de mundo.

### ☞ DA TEORIA À PRÁTICA – SUGESTÕES

Sorria, dê bom dia afetuosamente, estenda a mão ao próximo, regue uma planta, alimente um animal... Gestos simples podem modificar um dia. Parece lugar comum, mas experimente fazê-los, inclusive quando estiver mal ou sentindo-se inútil. São formas simples de ser significativo. Isso qualquer um pode fazer, pode, mas quem faz, faz a diferença, logo, é significante. E, uma vez que a virtude é em si a sua própria recompensa, certamente, fará diferença para você.

Recorde objetos significativos para você, olhe para eles ou anote-os. Depois, descreva o que os torna significativos para você e, a seguir, perceba a que valores essas descrições estão associadas e categorize cada um em valor material ou em valor transcendente. Isso ajudará a visualizar o que é importante para você. Ex.: meu carro: porque representa meu trabalho, porque representa liberdade, porque representa conforto, porque representa *status*, porque representa poder, porque custa caro etc.

Relembre bons momentos de sua vida. Provavelmente, você verá que fatores imateriais (tais como amizade, alegria, superação, conquista, sorrisos, doação, nascimentos etc.) foram o diferencial.

Responda: O que o motiva a viver, a enfrentar as dores e desafios inerentes à vida e a resistir à acomodação? A, por exemplo, levantar-se cansado para um dia de trabalho? E a enfrentar os seus medos? O que o ajuda a dar sentido à sua vida? Há algum propósito que vá além de você mesmo, um propósito maior para você mesmo e para o mundo?

Observe o pensamento que cruza a sua mente antes de fazer uma escolha, de decidir o que fazer ou falar. Na maioria das vezes, a gente não se atenta ao pensamento na hora, mas, refletindo *a posteriori,* pode relembrá-lo. Veja se há ou havia um interesse egoísta conduzindo-o ou se, verdadeiramente, você está ou estava pensando no seu Bem (logo, no do outro também), desse modo, estando em relação com um valor transcendente. Assim, você pode ser confrontado com sua intenção ao fazer ou falar algo e descobrir que, provavelmente, o fruto do ato (a consequência) tem relação com a sua intenção. Observe também que, se você focava no bem, mesmo que o resultado não seja bom, provavelmente, você estará tranquilo com sua consciência e confiante de que fora o melhor.

Pegue algumas anotações que você já fez e veja se, nas diversas situações, você estava em relação com um valor transcendente ou preso no ego (um interesse, um medo, um desejo, querer agradar, vingança etc.) e, neste caso, veja se o outro era visto como objeto, um opositor ou um meio para se atingir algo.

Retorne às suas anotações referentes às situações associadas às suas falas "Não quero sentir, mas sinto" e "Eu sei, mas sinto" e reavalie se elas, em cada situação, teriam relação com um valor associado à conservação do que você julga como importante para a sua vida ou para a preservação do seu ego. (Ex.: Não quero sentir, mas sinto ódio com o barulho do vizinho porque atrapalha meus estudos. Sinto-me traído, embora saiba que não devesse, por fulano ter recebido uma promoção após um trabalho de que participei com ele.)

Numa escolha, frequentemente, de forma automática, estamos pensando na consequência, no prazer/recompensa ou na dor que trará. Releia parte de seu diário e pense nas suas escolhas ou faça isso quando for escrevê-lo, hoje. Pense nas consequências delas e procure identificar se você estava voltado para a consequência imediata ou a futura e em termos de ela ser boa (interessante) ou de fazer ou trazer o bem.

Essas "re-reflexões" podem mudar a escolha e poupar de dores futuras. (Ex.: antes de comprar algo, de ingerir certos alimentos, de falar "umas verdades", de emprestar algo, fazer ou negar um favor etc.)

### RESUMO DAS PRINCIPAIS IDEIAS

✓ Visão de mundo do ego para o ego é restrita, estreita.
✓ Visão de mundo estreita oferece pouca possibilidade de expansão da consciência.
✓ Visão de mundo ampla = a que está em relação com valores transcendentes.

- Relação com valores transcendentes para dar significado à vida.
- Precisa-se nascer no espírito pela aquisição de uma consciência individual e singular.
- Para o quê se vive (escolhas) = sentido da vida.
- Espiritualidade estabelece-se e desenvolve-se na relação com valores transcendentes.
- Valores individuais determinam as escolhas. Estas e suas consequências aparecem em como se vive.
- A necessidade de um sentido pode ser entendida como originada num instinto de realização do *Si-mesmo*.
- Processo de realização do *Si-mesmo* = processo de individuação.
- Individuação ≠ Individualismo. Individuação engloba o mundo. Individualismo é excludente.
- Pelo processo de individuação torna-se um ser único, singular, há a realização das potencialidades e a consciência se expande.
- No processo de individuação, o ego dirige-se para o *Si-mesmo*, este é o sentido da vida.
- *Si-mesmo* = centro regulador da psique, arquétipo da totalidade e arquétipo divino.
- Somos livres para escolher, mas prisioneiros das consequências (Pablo Neruda).

# 6
# Visão de mundo unilateral, conflito e visão de mundo ampliada

A visão de mundo de um indivíduo pode estar relacionada a diversas crenças pessoais, aspectos culturais e do espírito da época, mas é sempre subjetiva e individual. Ela orienta a vida da pessoa e vai mudando na medida em que a sua consciência amplia-se pela compreensão oriunda da experiência, assim, a visão de mundo de uma mesma pessoa variará ao longo de sua vida.

A visão de mundo individual pode ser entendida num nível mais global, abrangendo a grande maioria das escolhas e a forma de ver, compreender e pensar o mundo do indivíduo, mas também pode ser entendida mais pontualmente, ou seja, para onde está orientada num dado instante e, mais especificamente, está orientada para valores transcendentes ou para outros valores?

A visão de mundo estaria direcionando a algo para além da pessoa (do ego) ou aprisionada nela mesma?

No presente estudo, o foco está na visão de mundo pontual, ou seja, naquela que permite relacionar-se o sentimento presente à visão de mundo atuante num dado momento, revelando-a.

Por exemplo, alguém pode escolher comer num rodízio de pizza e ter um prazer imediato; neste momento, ele pode estar focado no seu interesse imediato e não estar agindo em função de seu bem (um valor transcendente), faltando amor a si, e pode surgir uma "dor na consciência" (culpa), porque ele sabe que lhe faz mal e está contrariando um valor seu. Para minorar a dor, ele pode defender-se ("eu mereço"; "é só um pouco"; "uma vez não faz mal" etc.), porém, a "dor na consciência" (culpa) já terá se apresentado, revelando em qual valor ele baseou a sua escolha e qual valor ele negou. Se acaso a pessoa não tivesse a sua saúde como um valor, ela não sentiria culpa, porém, isso não impediria que o excesso cometido, fizesse-lhe mal. Uma vez ocasionando mal à sua saúde, ela poderia vir a compreender o valor de sua saúde e passar a ter esse valor, que, agora sim, se contrariado for, gerará culpa. Qualquer pessoa pode ter um comportamento como o descrito, independente de, no geral, definir-se como materialista, espiritualista, individualista, liberal, ecologista, holístico etc.

A visão de mundo individual é importante a cada instante, a cada escolha – pequenas e grandes –, ela nos guia e é revelada pelo sentimento, o responsável pela valorização.

Generalizando, as mais distintas visões de mundo podem ser divididas em dois grandes grupos: uma em que se está em relação com valores transcendentes, logo, do ego para fora; e outra em que não se está (do ego para o ego).

As visões de mundo em que não estão em relação com valores transcendentes, habitualmente, são visões aprisionadas nos interesses do ego, mais estreitas e, nelas, há um predomínio de uma unilateralidade. Já, no grupo em que se está em relação com valores que transcendem ao ego, as visões de mundo são mais amplas e a unilateralidade fora superada.

Outra forma de se descrever a diferença entre a visão de mundo em que se está em relação com um valor transcendente e a que não se está (visão de mundo unilateral) é como sendo visões de mundo, respectivamente, em relação com a totalidade e com menos do que a totalidade ou parcial. É a relação com o valor transcendente que permite ver-se de fora e, assim, abranger-se a totalidade, configurando uma visão ampla.

Para ficar mais claro, imaginemos o mundo como uma piscina e nós estando dentro dela. Para se conseguir ver a totalidade da piscina precisaríamos estar olhando de fora, mas como não dá para sairmos da piscina/mundo, a alternativa para podermos abranger a totalidade é nos colocarmos em relação com valores extramundanos, transcendentes, como se estivéssemos olhando a partir de fora ("pois uma atitude ante as condições externas da existência (o mundo) só é possível se existir um ponto de vista alheio a elas" (JUNG, OC, vol. 10/1, § 506). Via essa relação, pode-se distinguir da massa.

Já, estando dentro da piscina/mundo e dirigindo o olhar para algo dentro da piscina/mundo (estando em relação com um valor mundano), nós estamos voltados para uma parte da totalidade enquanto a outra fica atrás de nós – uma parte fica em relação com o ego e outra em oposição a ele. Neste caso, a visão é parcial, unilateral e estreita, enquanto no primeiro caso, a visão é da totalidade e ampla.

A visão de mundo de alguém pode, num dado instante, ser unilateral em relação a um determinado aspecto e ampla em relação a outros. A questão é: O que prevalece e atua naquele instante? E o sentimento será um bom indicador disso.

Na visão de mundo unilateral, está-se rejeitando uma parte, enquanto na ampla, aceita-se todas as partes. Conclusivamente, os sentimentos negativos, os quais são relacionados a uma rejeição subjetiva, geralmente, são associados a uma visão de mundo unilateral e estreita; já os sentimentos positivos, que são relacionados a uma aceitação subjetiva, costumam apresentar-se quando a visão de mundo é ampliada. A visão de mundo estreita rejeita e com isso separa; a ampla aceita, portanto integra.

A passagem de uma visão de mundo mais estreita para uma mais ampla, necessariamente, dar-se-á através de um conflito. Abaixo, discorre-se sobre cada um daqueles grupos de visões de mundo e sobre o conflito resultante de uma visão unilateral:

### a) Visão de mundo unilateral

A visão de mundo aprisionada no ego e sem relação com fatores transcendentes, voltada para os interesses do ego, esquecendo-se das consequências futuras para si e para o mundo, é unilateral. Interesses do ego referem-se às intenções decorrentes dos instintos para sobrevivência e autopreservação do eu, em oposição ou em competição com o outro e em predominância sobre as próprias necessidades e dos demais; não é apenas almejar-se angariar alguma vantagem, embora também inclua isso.

A visão de mundo voltada para os interesses do ego e que não considera o outro/o mundo ou mesmo as consequências futuras para si, geralmente, é uma visão unilateral, pois fora da medida equilibrada, isto é, está dando mais valor a uma parte em detrimento de outra que fica em oposição ao ego. Também é unilateral porque, quando se guia por uma parte, não se considera a totalidade. Guiar-se por menos do que a totalidade, é servir a uma parte excluindo outra e estabelecendo uma unilateralidade.

Este desequilíbrio também está presente quando a pessoa aparentemente está pensando no outro e não nela, isto é, está dando mais valor ao outro do que a si. Ao agir pensando no outro, mas sem considerar as próprias necessidades, há uma unilateralidade, possivelmente por interesse do eu em obter o valor (o amor) do outro que não se dá, ou seja, a pessoa está voltada a um interesse do ego, egoísta e não verdadeiramente altruísta. Neste caso, podem surgir sentimentos como o de raiva de si pela autonegligência e o ressentimento, quando o eu não se sentir reconhecido pelo outro, a denunciar a unilateralidade e o interesse do ego. (Possivelmente, o que faltou foi a primeira pessoa reconhecer a própria necessidade; o outro não a reconhecer, pode ser a consequência: o outro espelhando a atitude anterior da primeira pessoa de não se valorizar.)

Sempre que há um excesso, há também uma falta; o equilíbrio – a virtude – está no meio. Excesso de atenção ao outro é igual à falta de atenção a si e vice-versa (*Amar ao próximo como a ti mesmo.*). Por exemplo: na codependência, o indivíduo vive em função de outro e assume as responsabilidades dele (excede com o outro); por ele abandona as próprias responsabilidades e necessidades (falta consigo mesmo). Entende-se como codependência alguém viver em função de outra pessoa; por exemplo, viver em função de um alcoolista tentando controlá-lo e salvá-lo.

Caso se considere o mundo como uma unidade, o bem de um deve implicar o bem do outro, ainda que este possa não perceber de imediato, possivelmente por estar preso nos seus interesses. Quantos *nãos*, limites, são dados pelo bem de ambas as partes, apesar de poderem ser malcompreendidos pela parte que recebe, porque, aprisionada no seu interesse que fora contrariado, não vê o bem no primeiro momento. Seja pensando no próprio bem, seja pensando no bem do outro, isto é, pensando-se na consequência visando o bem (bem é tudo o que conduz à vida), evita-se cair no interesse pessoal.

Geralmente quando estamos em oposição ao mundo e/ou presos no ego (visão unilateral), não considerando a totalidade, apresentam-se sentimentos negativos marcando uma rejeição, particularmente quando o interesse do ego for contrariado ou ameaçado.

Algumas das consequências da visão de mundo unilateral, também chamada de visão estreita por alguns místicos, são:

a) O vazio e a insaciedade: Quando a visão de mundo está voltada para os interesses do ego, sendo o sentido da vida do ego para o ego, a resultante é zero, o vazio – falta de sentido, de significado. Há sensação de vazio e insaciedade (pois qualquer satisfação será fugaz) enquanto se buscar pela satisfação no atendimento de interesses egoístas e por um preenchimento vindo de fora, sem uma transformação da própria pessoa.

O vazio e a insaciedade são típicos da sociedade de consumo, focada no ter, e que estimula o preenchimento do vazio a partir de fora, enquanto precisa de sua perpetuação para manter a necessidade de consumir. Há um vazio de sentido quando se vive exclusivamente para os interesses individuais.

Nos últimos séculos, a negação da existência do irracional e a hipervalorização do racional e da lógica contribuíram para a dessacralização da vida e para o desvirtuamento dos valores transcendentes. A vida distanciada desses valores torna-se para usufruto e deleite da pessoa, sem um fim outro que não o atendimento aos interesses individuais e, consequentemente, condenada ao vazio de sentido e à atrofia espiritual percebidos em nossa época:

"A crise existencial de nossa época está ligada ao distanciamento espiritual; essa atrofia provoca o *vazio de sentido*, que os filósofos chamam de *angústia*" (MONTEIRO, 2006: 14).

Por outro lado, esse mesmo vazio vem causando uma crise de valores e uma nova busca pela espiritualidade.

b) O eu está apartado de parte de si mesmo e do todo: aparecem sentimentos relacionados à separação (amedrontado, abandonado, desprotegido, ameaçado, desconfiado etc.). É o oposto do que vemos na individuação, a qual, como afirma Jung: "Não exclui o mundo; pelo contrário, o engloba" (OC, vol. 8/2, § 432).

c) A integridade do ser está rompida: há uma cisão interna. A não integridade gera mal-estar e insatisfação consigo mesmo e/ou, projetada, com os outros e com a vida.

Pode, por exemplo, aparecer um sentimento de culpa ao agir conduzido por uma parte (um interesse), enquanto se viola outra parte do ser. A culpa, por decorrer de um valor da pessoa ter sido contrariado, indicaria que ela tem aquele valor em potencial e contrariou-o.

d) Há um conflito interno. O conflito interno pode não ser consciente e estar aparecendo projetado num conflito externo e/ou manifestar-se na relação da pessoa com ela mesma. Por exemplo, com sentimentos de culpa, remorso, ódio etc., repercutindo nos seus comportamentos e relações.

e) A parte inconsciente pode ser projetada surgindo o conflito externo.

A pessoa pode ver a causa de seu mal-estar fora de si e pode projetar a sua parte inconsciente no outro (pessoa, instituição, circunstâncias da vida). Projetar significa transferir conteúdos de nosso inconsciente a um objeto, separando, assim, o sujeito (nós) do objeto e de nosso próprio conteúdo. A projeção dá-se inconscientemente, independente de nosso desejo, por isso a rigor poder-se-ia dizer que nosso inconsciente projeta-se e não que nós projetamos.

A projeção pode ser tanto de aspectos negativos quanto de aspectos positivos de nós mesmos; tais aspectos que, por exemplo, por uma baixa estima, temos dificuldade de vê-los em nós.

Comumente, observa-se na projeção de aspectos negativos uma alienação de nosso lado mau com consequências. Aquele que não reconhece em si o mal e apenas admite a existência de seu lado bom pode viver na defensiva (ou isolado) por temer o outro como uma ameaça pela falta de contato com o seu lado mau ou pode atacar por ver o mau no outro. Isto pode ocorrer na relação de qualquer um com algum(s) de seus aspectos sombrios.

O outro se torna a causa do mal que, fora do alcance da pessoa, não tem como lidar com ele. O mal projetado se fortalece:

> [...] a projeção do mal não percebido nos "outros". Isso só fortalece enormemente a posição contrária, pois, com a projeção do mal, nós deslocamos o medo e a irritação que sentimos em relação ao nosso próprio mal para o opositor, aumentando ainda mais o peso de sua ameaça. Além disso, a perda da possibilidade de compreensão também nos retira a capacidade de *lidarmos com o mal* (JUNG, OC, vol. 10/1, § 572).

A projeção aparece, inclusive, no jeito com que nos referimos a nossos sentimentos, na linguagem corrente. Por exemplo: uma pessoa diz que foi humilhada por outra, ao invés de que ela se sentiu humilhada. Se caso ela se responsabilizasse e escutasse seu sentimento, talvez pudesse descobrir uma falta de humildade por uma autoimagem fora da medida.

Alguém diz e entende que o outro o magoou e não que ele sentiu-se magoado por ter sido atingido em sua vulnerabilidade (num complexo).

Não se quer dizer que o outro, nos exemplos acima, não teve a intenção de humilhar ou de magoar, mas que o sentimento diz respeito à vivência interna de quem sente e sua visão de mundo.

Apesar do sentimento revelar a vivência pessoal das ocorrências segundo a visão de mundo do indivíduo, a causa do sentimento, na linguagem comum, amiúde, é mencionada como estando fora, no outro e, assim, espera-se que o outro mude para que o sentimento se altere em vez do possuidor do sentimento (quem sente) buscar a alteração do seu sentimento a partir dele mesmo.

f) Se o conflito que aparecera externamente na relação, bem como o conflito na relação consigo mesmo, for admitido na pessoa e as partes em conflito forem conscientizadas, surge a possibilidade de uma busca interna por solução trazendo a ampliação da consciência, enquanto se sai da unilateralidade.

As partes em conflito são partes da própria pessoa, a consciente e a inconsciente, a negada, projetada ou não. Assim, admitir e aceitar a parte rejeitada tornando-a consciente são passos importantes para que se venha a acabar com o conflito e integrar aspectos sombrios à consciência e, desse modo, possa-se transformar para melhor e no sentido do desenvolvimento da singularidade pessoal, isto é, da individuação.

Aceitar os aspectos pessoais que não se gosta, como a inveja, a crueldade etc., não significa atuar, mas entrar em contato com eles, para poder estabelecer um diálogo interno, entendê-los, buscar as suas origens em si, analisá-los e redirecioná-los. Se não forem aceitos na própria pessoa e permanecerem inconscientes, é que se torna mais provável que a pessoa atue em função daquelas características que, fora do âmbito da consciência, podem adquirir autonomia, particularmente quando se é tocado no complexo que as contém. Como lembra Jung, todos têm complexos, o problema é quando se acha que não os tem ("ele só se torna patológico quando pensamos que não o temos" (JUNG, OC, vol. 16, § 179)).

Nesse sentido, faz-se importante dar ouvidos aos sentimentos, ao que eles revelam sobre nós mesmos. Além de serem bons indicadores de nossos complexos, os sentimentos podem evidenciar haver partes negadas e uma unilateralidade da visão de mundo e apontarem para o conflito interno resultante daquela unilateralidade.

Para se aceitar a outra parte, em vez de rejeitá-la ou brigar com ela, faz-se necessário um valor transcendente tal como o amor a si mesmo, fonte de benevolência para consigo mesmo e capaz de acolher aquela parte menos agradável à autoimagem, dessa forma, essa parte pode ser mantida na consciência e o conflito com a qualidade oposta pode ser resolvido. (Ideia a ser mais desenvolvida adiante.)

A resolução do conflito com maior autoconhecimento vem com mais amor a si e ao próximo. Nas palavras de Jung:

> As pessoas, quando educadas para enxergarem claramente o lado sombrio de sua própria natureza, aprendem ao mesmo tempo a compreender e amar seus semelhantes; pelo menos, assim se espera. Uma diminuição da hipocrisia e um aumento do autoconhecimento só podem resultar numa maior compreensão para com o próximo, pois somos facilmente levados a transferir para nossos semelhantes a falta de respeito e a violência que praticamos contra a nossa própria natureza (JUNG, OC, vol. 7/1, § 28).

Resolvendo-se o conflito, há maior integração interna e no mundo. Em vez de parte da personalidade ficar em oposição ao ego e do indivíduo estar separado de parte da totalidade (como no exemplo em que se compara o mundo com uma piscina), há uma integração à personalidade consciente de partes opostas e fica-se mais integrado ao mundo. Assim, o processo de individuação engloba o mundo, diferentemente do individualismo, que isola.

## b) Conflito

> *Sem a vivência dos opostos não há experiência da totalidade e, portanto, também não há acesso interior às formas sagradas* (JUNG, OC, vol. 12, § 24).

> *Sem conflito, porém, não há consciência da "personalidade"* (JUNG, OC, vol. 9/1, § 177).

Por mais que seja desconfortável e maldito, o conflito faz parte do processo evolutivo da existência humana. Ele antecede o entendimento, a compreensão, a solução, a integração e a paz.

Antes da ampliação da personalidade, as projeções precisam ser recolhidas, é necessário responsabilizar-se pelas próprias faltas e o conflito precisa ser vivido internamente. Pode-se comparar essa etapa à retirada ao deserto, que antecede as revelações – ou seja, a ampliação da consciência – em diversas tradições místicas e religiosas. (P. ex.: Buda, Jesus e o povo judeu passam pelo deserto.) No deserto, há a solidão e o vazio, não há em quem projetar o mal e surgem imagens. O deserto representa o momento de luta interior que pode culminar na resolução do conflito com ampliação da consciência: na revelação.

No dia a dia, nesses momentos, nós não vamos para o deserto fisicamente, porém percebemos que nossa energia volta-se para dentro, para nosso mundo interno, enquanto nosso interesse e/ou capacidade de se aplicar nas demandas externas (do trabalho, dos relacionamentos, da casa etc.) ficam reduzidos. Afastamo-nos psiquicamente do exterior e vamos ao deserto, sozinhos; interiormente vivenciamos nossos fantasmas e questões pessoais, as quais nos mobilizam. A energia volta-se para dentro e irá trazer a solução pela ativação do inconsciente.

Aqui, cabe uma explicação: antes da fase do conflito, primeiramente, no processo normal de desenvolvimento, gradativamente, aspectos do inconsciente oriundos do *Si-mesmo* (o arquétipo da totalidade) tornam-se conscientes ficando em relação com o ego, enquanto todo o restante permanece inconsciente. Assim, começa a desenvolver-se a consciência e o seu centro – o ego – e, inicialmente, necessariamente, a consciência é unilateral.

O inconsciente pode ser, basicamente, dividido em pessoal e coletivo. O inconsciente pessoal contém aquilo que é adquirido ao longo da vida do indivíduo e, pelo menos momentaneamente, não está em relação com o complexo egoico; inclui todo o material reprimido e os componentes psíquicos subliminares (isto é, estímulos sem intensidade suficiente para atingirem a consciência), inclusive percepções sensoriais subliminais e sementes de futuros conteúdos conscientes que estão se formando no indivíduo.

Jung observou que há uma camada mais profunda do inconsciente que não pode ser explicada pela experiência individual. "O inconsciente contém, não só componentes de ordem pessoal, mas também impessoal, coletiva, sob a forma de *categorias herdadas* ou arquétipos" (JUNG, OC, vol. 7/2, § 220). Os arquétipos são organizações de padrões de relações herdados que existem virtualmente como formas vazias (sem conteúdo específico). Eles representam possibilidades de ação e percepção, e apenas são apreensíveis por suas manifestações quando adquirem conteúdo; por exemplo, aparecendo como uma imagem arquetípica. Essa camada do inconsciente de natureza primitiva, universal e coletiva, Jung chamou de inconsciente coletivo.

Os conteúdos do inconsciente não estão inertes, mas em estado relativamente ativo. Eles são continuamente agrupados e reagrupados pelo inconsciente, numa atitude compensatória em relação à consciência, no sentido de manter o equilíbrio psíquico (exceto em casos patológicos), por um processo de autorregulação da psique (JUNG, OC, vol. 7/2).

A autorregulação é uma lei fundamental da psique e ela deve-se à relação compensatória existente entre consciência e inconsciente, que se complementam formando uma totalidade, o *Si-mesmo*. Deve-se lembrar de que os conteúdos inconscientes superam os conscientes, portanto o inconsciente e a consciência não estão necessariamente em oposição, mas se complementam para formar uma totalidade, o *Si-mesmo;* daí Jung (OC, vol. 7/2, § 274) preferir usar a expressão compensatória para a atitude do inconsciente como um todo.

Entretanto, no processo de individuação, ou seja, de caminhar para uma totalidade consciente a partir de uma unidade indiferenciada inconsciente, a consciência começa nascendo da discriminação de opostos. Uma parte de determinado aspecto individual é tornada consciente, enquanto a outra é mantida inconsciente; tem-se, assim, uma unilateralidade da consciência. Note-se que a formação de uma consciência unilateral faz parte do processo de desenvolvimento de uma consciência mais ampla.

Da separação dos opostos é criada a tensão que permite a autorregulação (JUNG, OC, vol. 7/2, § 311). A cada motivo, função ou atitude consciente corresponde um oposto inconsciente; e quanto maior a especialização consciente, maior a unilateralidade da consciência e maior a tensão entre os opostos. Dependendo da tensão, pode-se ter pouca energia e ser inócua ou ter tanta a ponto de perturbar ou interromper o processo consciente, culminando com a irrupção de material do inconsciente na consciência. Quando dois aspectos opostos contrapõem-se na consciência, a vida fica estagnada. A energia dessa tensão entre opostos represada pela estagnação flui para o inconsciente e ativa-o; da atividade do inconsciente surge uma nova função unificadora, a qual ultrapassa os opostos, a função transcendente. Esta é assim designada por Jung pelo "fato de que por esta função se cria a passagem de uma atitude para outra" (JUNG, OC, vol. 6, § 917).

Portanto, é o conflito entre opostos (a parte consciente e a anteriormente inconsciente da própria pessoa) o gerador da tensão energética que, via função transcendente, cria um terceiro elemento, um outro que não são os dois, mas os contém:

"Desta colisão dos opostos a psique inconsciente sempre cria uma terceira instância [...] sob uma forma que não corresponde nem ao sim, nem ao não [...], a solução do conflito pela união dos opostos" (JUNG, OC, vol. 11/1, § 285). O conflito terminando na união dos opostos, na consciência, e tornando possível a mudança de atitude consciente.

É do encontro dos opostos e seu conflito na consciência que emergem o caminho do meio, o equilíbrio, a integridade e a totalidade.

Se, durante o processo, os opostos não estiverem na mesma medida, o elemento resultante dos opostos manterá um desequilíbrio consigo, já que "para que esta colaboração dos estados opostos seja possível, ambos têm de estar conscientemente lado a lado em plena oposição" de modo a resultar numa expressão do "pleno direito à existência de todas as partes da psique" (JUNG, OC, vol. 6, § 912).

Portanto, a nova atitude da consciência não corresponde a uma conversão no seu contrário, o que manteria a unilateralidade, mas a uma "conservação dos antigos valores acrescidos de um reconhecimento de seu contrário" (JUNG, OC, vol. 7/1, § 116).

"Quando as partes inconscientes da personalidade se tornam conscientes, [produzindo] não só a assimilação delas à personalidade do eu anteriormente existente, como, sobretudo uma transformação desta última" (JUNG, OC, vol. 8/2, § 430), surge uma personalidade mais ampla. Logo, essa personalidade mais ampla decorre da expansão da consciência, acompanhando-se de uma visão de mundo igualmente ampliada, isto é, que ultrapassa a polaridade (ou/ou: é uma coisa ou é outra) em direção à unidade (e/e: é uma coisa e é outra, simultaneamente).

*E/e*: o conflito resolvido, a paz sendo encontrada internamente e refletindo-se externamente.

Perceber e escutar o sentimento faz-se importante no sentido de revelar o conflito interno ou externo (se estiver projetado), como parte dos processos de autoconhecimento e autorrealização. Resolvendo-se o conflito, há expansão da consciência e da personalidade. A personalidade agora é mais inteira, deixa de ser maniqueísta, ou uma coisa ou outra, e passa-se a reconhecer os dois lados em si.

Não há fórmulas mágicas: "O desenvolvimento do espírito se acha sempre unido a um alargamento do âmbito da consciência, e [...] cada passo adiante representa uma conquista extremamente repleta de dor e de esforço" (JUNG, OC, vol. 17, § 146).

### c) Visão de mundo ampliada

Na visão de mundo ampliada o ego está em relação com a totalidade, cujo arquétipo é o *Si-mesmo* (também identificado como o arquétipo divino). É a totalidade o sentido da vida, quando se vive em função dela. E, paradoxalmente, quem serve à totalidade é livre, pois não pode ser prisioneiro de nenhuma parcialidade, de nenhum interesse. É livre do ego.

Na visão de mundo mais ampla, estão presentes, na consciência, aspectos opostos e complementares do indivíduo na mesma medida, em perfeito equilíbrio, não no sentido de uma perfeição, mas de uma integridade. Nesse caso, o ego e o *Si-mesmo* estão em harmonia; o indivíduo está sendo fiel a si mesmo e, consequentemente, um ser íntegro (inteiro), que pensa e age conforme é. Nesse momento, há bem-estar e pode-se experimentar uma sensação de plenitude e paz (o inverso da visão estreita em que há vazio e conflito).

A visão de mundo ampliada é a que parte de uma consciência igualmente expandida, isto é, que saiu da unilateralidade ao integrar os opostos. Nela, os opostos estão na consciência em equivalência de condições, sem reduzir nenhuma de suas partes (todas as partes com o mesmo direito de existir e existindo), unificados, caso contrário, se os opostos estivessem separados e não estivessem em condições equivalentes na consciência haveria conflito e tensão.

Para que os opostos estejam lado a lado na consciência unidos e não em tensão, precisa-se estar com uma visão de mundo direcionada para além do ego, para um valor transcendente que unifique os opostos e assim evite a predileção do ego por uma das partes (um dos opostos), ou seja, evite a unilateralidade.

É necessário estar no meio, consciente de possuir características opostas, mas sem ser conduzido por uma delas – "Quem percebe ao mesmo tempo sua sombra e sua luz, este enxerga dos dois lados e, assim, fica no meio" (JUNG, OC, vol. 10/3, § 872) – e, para isso, precisa-se estar voltado a um valor transcendente relacionado à totalidade, ao *Si-mesmo*:

> [...] o homem oriental tanto quanto o ocidental são retirados do jogo do maia ou dos opostos pela vivência do atmã, do "si-mesmo", da **totalidade** maior. Ele sabe que o mundo é formado pelo claro *e* pelo escuro. Só posso dominar esta polaridade

na medida em que me libertar pela contemplação de ambos os opostos e, assim, atingir a posição do meio. Somente nesta posição não estarei mais submetido aos opostos (JUNG, OC, vol. 10/3, § 875 – grifo da autora).

Se o indivíduo guiar-se por um dos opostos, haverá unilateralidade, mas ela não ocorrerá, se ele guiar-se por um valor transcendente que os una. É necessário orientar-se por um valor que transcenda o ego e seja relacionado à totalidade para que o eu não fique aprisionado no seu interesse, nem penda para um dos opostos, caindo na unilateralidade.

O valor, a qualidade capaz de unir os opostos sem anulá-los compondo uma unidade (o um que contém a diversidade) é o Amor incondicional, a *ágape*, em grego.

O Amor incondicional, *ágape*, difere-se das outras formas de amor por ser a única que é pura fonte, dá sem pedir nada em troca. Em grego, segundo Leloup (1998: 78-85), há denominações distintas para as diversas formas de amor (*porneia, mania, pathé, éros, philia* etc.) e cada uma delas tem a sua função e importância, não havendo exatamente uma hierarquia, mas uma adequação, isto é, o problema surge quando uma forma de amor ocupa o lugar que deveria ser de outra. Por exemplo, a *porneia*, em que o outro é como um objeto de consumo (pois deseja-se apenas receber), é necessária na relação do recém-nascido com a sua mãe, mas entre adultos ela é equivocada e perniciosa e, se a criança tivesse uma relação de *ágape* com a mãe sem a de *porneia*, provavelmente, não sobreviveria. (Uma curiosidade, a palavra pornografia vem de *porneia*.)

Amor incondicional significa aquele que não está contaminado pelo desejo da pessoa, ele não pede e não exige nada, ele aceita e permite a existência do outro como é, ele não visa receber, pois é apenas fonte, pura doação; nele cabe tudo e dele derivam as demais qualidades.

O Amor incondicional, uma vez que reúne a totalidade sem perderem-se as individualidades, é uma expressão do *Si-mesmo*, o arquétipo da totalidade (e arquétipo divino). Portanto, conduzir-se pelo Amor seria como estar guiando-se pelo *Si-mesmo* ou pelo divino em nós – o Amor como um dos atributos que os expressa e não como sinônimo de *Si-mesmo* ou do divino em nós.

Uma vez que o conflito dá-se pela oposição entre características da própria pessoa, aquele amor capaz de unir os opostos sem negá-los é, antes de tudo, um amor a si mesmo. O exercício deste autoamor, como afirma Jung, ensina, "ao mesmo tempo, a compreender e amar seus semelhantes" (JUNG, OC, vol. 7/1, § 28).

Amar implica desejar o **bem** do outro e de si, agir para esse bem e alegrar-se com ele (diferentemente do amor romântico ou de Eros, em que se deseja a outra pessoa). Na programação dos grupos anônimos (A.A., 1994), por exemplo, para se guiar pelo Amor, busca-se por fazer o Bem – bem é tudo o que favorece a vida. Um recurso utilizado é a *boa vontade*, a qual permite ao indivíduo escolher e agir intencionando o melhor possível, o Bem na medida do possível: permite questionar se determinada conduta é a melhor possível, isto é, se, dentre tantas, ela leva ou não ao Bem. Por consequência, a *boa vontade* auxilia a se refletir se certa conduta tem ou não relação com a vontade do Poder Superior conforme a pessoa O concebe (a quem ela entrega a sua vontade e a sua vida, no terceiro passo).

Os Doze Passos ensinam a procurar-se fazer escolhas pensando nas consequências em termos de fazer o Bem ou o Mal e a escolher o Bem, ainda que possa contrariar os interesses da pessoa, e a confiar no resultado. Quando orienta a se entregar a vida e a vontade da pessoa a um Poder Superior conforme o conceba (*Amarás a Deus com toda a tua força e todo o teu coração*), o programa ensina a não se criar expectativa de algum resultado, o qual está na mão Dele, livrando o indivíduo de ser conduzido pelo interesse pessoal.

Paradoxalmente, é ao entregar a sua vida e a sua vontade a um valor transcendente capaz de unir os opostos, ou seja, relacionado à totalidade, que um indivíduo possui a sua vida e a sua vontade (o paradoxo: ao entregar, ele a possui). No paradoxo, há a união de opostos superando-se a dualidade. Quem serve à totalidade é livre, pois não pode ser conduzido por nenhuma parte. O indivíduo, ao realizar a entrega, deixa de ser escravo do ego e do seu interesse e adquire liberdade de escolha. Como no ditado oriental, *só se possui o que se oferece* (WIESEL, 1991: 11).

Seguindo a sugestão dos Doze Passos (um programa espiritual), um meio de desenvolver uma visão de mundo ampliada independente dos interesses individuais é focar-se no Bem (ALCOÓLICOS ANÔNIMOS, 1994) e, escolhendo-se pelo Bem, se estaria sendo orientado pelo e para o Amor, e este seria o sentido da vida da pessoa. O Bem como expressão do Amor e ambos como representantes do *Si-mesmo* (o arquétipo da totalidade e arquétipo divino). Dessa forma, o sentido da vida estaria apontando para o *Si-mesmo*, ou seja, seria o tornar-se a *Si-mesmo*, o processo de individuação, como supunha Jung (OC, vol. 7/2) e que também pode ser traduzido como a encarnação do arquétipo divino.

Ter benevolência para consigo mesmo ajuda a se conduzir pensando no bem (a perguntar-se: Eu preciso, é necessário, é conveniente?) e não no interesse pessoal, e ajuda na aceitação das partes de si mesmo que são ou seriam rejeitadas. Jung lembra-nos que "também se deve acolher o pecador que nós mesmos somos [...]. Melhoramos o outro através do amor e o pioramos através do ódio, o que vale também para nós mesmos" (JUNG, OC, vol. 12, § 37). O Amor acolhe como se é.

O Amor, como fonte, é a mãe de todas as qualidades, virtudes e vícios. (Vício, aqui, no sentido de uma qualidade antagônica à virtude e não de dependência, podendo ser traduzido como defeito.) O vício também é filho do Amor (do Amor emana tudo e nele tudo cabe) – assim como a sombra é criada pela luz –, pois não há virtude sem a presença do vício oposto, e a virtude apenas é plenamente uma virtude se na justa medida, saindo da medida, torna-se um vício (um defeito). Uma vez que do Amor derivam-se todas as qualidades e nele tudo cabe, ao guiar-se pelo Amor, aparecem a qualidade necessária, a virtude (como a justa medida) e a possibilidade de união dos opostos, da virtude e do vício.

Por exemplo, ninguém precisa ter coragem diante do que não lhe causa medo. É a partir do medo que a coragem desenvolve-se, ela precisa do medo para existir e estar na medida; se não houver medo, virará temeridade. Mais medo do que coragem leva à paralisia e menos, à imprudência. Sem o medo, arrisca-se desnecessariamente, pois é preciso haver medo para se proteger junto à coragem para se arriscar; o instinto de sobrevivência ficando em equilíbrio com a necessidade da alma de se expandir (o instinto para a religiosidade observado por Jung), compondo a virtude plena, na justa medida. Voltando-se para um valor transcendente tal como o Bem, é mais fácil encontrar-se a medida.

A virtude precisa do vício oposto para ser um valor do indivíduo e consistente. Se ele nunca tiver experimentado ou, pelo menos, sido tentado pelo vício (defeito), não há como desenvolver a virtude oposta. Neste sentido a experiência é importante para que o valor seja adquirido, venha de dentro e seja uma escolha e não uma obrigação; isto é, seja vivido conscientemente porque se quer e não porque alguém mandou ou diz que é assim e pronto. Por isso, muitas vezes, é após perder-se determinado valor e viver-se o vício a ele relacionado que se descobre a importância da virtude, toma-se consciência dela e passa-se a tê-la. Neste caminho, faz-se necessário recolher-se a projeção do mal visto no outro, se assim estiver, admitir o mau em si mesmo e aceitá-lo em si, pois apenas tomando consciência do mal na própria pessoa é que se pode afirmar o valor oposto e superar a unilateralidade. Precisa-se reconhecer o vício (defeito) em si para dar-se consistência e medida à virtude.

Portanto, as emoções e os sentimentos negativos devem ser admitidos e aceitos em nós mesmos, sendo, inclusive, necessários. Jung lembra-nos que os dois, bem e mal "necessitam-se mutuamente; pois mesmo no melhor e precisamente no melhor existe o germe do mal. E nada é tão mau que não possa produzir um bem" (JUNG, OC, vol. 7/2, § 290). "Em última análise, não há bem que não possa produzir o mal, nem mal que não possa produzir o bem" (JUNG, OC, vol. 12, § 36).

133

Jung, em *Mysterium coniunctions* (OC, vol. 14/2, § 366), afirma que "as oposições são necessariamente de natureza caracterológica. A existência de uma virtude positiva se caracteriza em uma vitória sobre o oposto, a saber, o vício correspondente. Sem seu oposto a virtude seria pálida, inoperante, irreal". Logo, a verdadeira virtude nasce do vício (defeito) e o contém consigo e, além disso, ele é necessário para dar consistência à virtude. O símbolo do Tao com o círculo preto no branco e o círculo branco no preto, lembra-nos dessa relação.

Voltando ao exemplo anterior do medo, também é da experiência do medo que nasce e se fortalece a fé. A partir do medo consciente, age-se com coragem (ação guiada pelo coração) e confiança (em si e de que tudo ocorrerá bem – fé). Sem o medo para dar certo limite, pode-se correr riscos desnecessários e que contrariam o amor à vida e a si mesmo. Mas, não se arriscar na vida pode ser morrer por dentro, trazendo desânimo ("sem alma") e indo contra o instinto de sobrevivência. Neste caso, pode surgir a fé (medo é falta de fé, diz-se em A.A.) para impulsionar o indivíduo e ajudá-lo a arriscar-se para fazer o que tem de ser feito em nome de algo maior (a vida, o bem, o amor...), um valor transcendente. Assim, observar-se-á os opostos unificados na consciência em função de um valor transcendente, condição para a virtude realizar-se.

Outro exemplo, a paciência: É diante do que é capaz de gerar impaciência que precisamos ter paciência para aguardarmos o tempo das coisas, nem mais ("apodrece"; perde-se), nem menos ("verde"; perde-se) – pois, a virtude está no caminho do meio. E é mais plausível que haja a paciência necessária para se aguardar e se estar no tempo certo, quando se está sendo orientado por um valor transcendente e totalizante, como o Bem e o Amor, dando a justa medida. Muitas vezes, é mirar o Bem/Amor que nos ajuda a encontrarmos o equilíbrio em nossas decisões.

Entretanto, mesmo o Amor incondicional, como virtude, não pode ser ilimitado, ele precisa estar na justa medida. Fazer o Bem, muitas vezes, requer que a gente dê limites.

Se o "amor" for demais, invade o outro e subtrai algo de sua existência singular, deixando de ser amor (amor significando aqui desejar, fazer e se alegrar com o bem). Amar incondicionalmente, para ser amor, também é um equilíbrio entre se dar e conter-se a fim de se fazer o Bem. Um bom exemplo da falta de medida na doação por amor gerando um mal é o da mãe superprotetora impedindo o filho de enfrentar a vida e crescer com confiança na sua capacidade e com tolerância às frustrações. O amor também pode precisar de uma referência como o Bem para dar-lhe a medida, se não, deixa de ser amor.

Logo, escolhendo-se pelo Bem, ou seja, norteando a visão de mundo por um valor transcendente tal como o Bem e o Amor na medida, de modo a ser o sentido da vida, – do ego para o Bem/Amor/*Si-mesmo* – há a possibilidade da consciência expandir-se e, porquanto haja um sentido maior do que o eu e para além dele, transcendente, não há vazio.

Damásio (2004: 162-163) observou que a virtude ativa áreas cerebrais da recompensa, e concluiu que ela é em si a sua própria recompensa.

Norteando a nossa visão de mundo pelo Amor, buscando, vendo e comprometendo-se com o Bem, os conflitos tenderão a se resolverem e a reconciliação com os opostos far-

-se-á no nosso íntimo. Buscar o Bem, isto é, tudo o que favorece a vida, é ter na vida o principal valor. Pode-se dizer que a vida, o valor biológico, é também o grande valor relacionado à espiritualidade.

Nesse aspecto, compreende-se porque a caridade – significando pensar, ver e fazer o Bem, sendo ou tornando algo justo – é considerada, para muitos, uma virtude fundamental para o desenvolvimento da espiritualidade (*Fora da caridade não há salvação*, Allan Kardec) e compõe, junto à oração e ao arrependimento (mudança de atitude para melhor a partir da experiência), a tríade necessária para se mudar uma sentença no Dia da Expiação dos judeus (Yom Kipur). A caridade permite a reparação do mal causado, trazendo de volta o equilíbrio (a justa medida) ao mundo, e permite libertar-se da culpa e do remorso.

Embora a virtude represente uma ampliação da consciência por conter o vício oposto, ela, enquanto não atingir a totalidade, também gerará o vício. Assim como no escuro pode-se ver a luz e esta, por sua vez, criará a sombra, enquanto vivermos no mundo da dualidade ("A sombra é um componente da natureza humana, e só à noite não há sombra" (JUNG, OC, vol. 11, § 286)). Por isso, devemos nos manter atentos a nós mesmos, e, vez por outra, haverá mal-estar (se não estivermos na medida) e/ou nos veremos tomados por uma das viciações refletindo uma postura unilateral, egoísta. Conscientizando-se disso, pode-se agir da forma contrária (*dar a outra face*), o que significa acionar o valor oposto, ou colocar-se em relação com um valor transcendente como o Bem (cf. *A escuta dos sentimentos*).

Cada vez que o ego sai da unilateralidade pela integração dos opostos na consciência, esta se amplia, há uma sensação de bem-estar pela conquista interior e uma perceptível mudança na forma de se compreender e ver a vida, na visão de mundo. Pode-se experimentar uma sensação de plenitude acompanhada de leveza: quando pleno, fica-se leve; um paradoxo refletindo a união de opostos, pois, se pleno, cheio, era de se esperar que se ficasse pesado.

O indivíduo experimenta uma satisfação para consigo mesmo, mas, para que perdure, precisa continuar em movimento, como a vida, conduzindo-se na direção do Bem/Amor. Deve conduzir-se assim não por um interesse próprio, do ego para o ego, mas guiado por valores que o ultrapassam, transcendentes, e condizentes com o *Si-mesmo* (arquétipo da totalidade).

O *Si-mesmo* como uma grandeza que nos ultrapassa e incognoscível – pois, provavelmente, sempre haverá conteúdo inconsciente – convida-nos a estarmos sempre na busca, portanto, em movimento, sinônimo de vida e oposto à rigidez. No decorrer do processo de individuação, sempre haverá conteúdo inconsciente a ser integrado possibilitando uma crescente expansão da consciência. Desse modo, a visão de mundo deverá se modificar ao longo do amadurecimento pessoal, o qual, necessariamente, inclui o aprendizado com os erros.

Jung alerta-nos que

> [...] uma convicção sólida pode converter-se facilmente em autoafirmação e, assim, ser desviada para a rigidez, que por sua vez é contrária ao sentido da vida. Uma convicção sólida se confirma por sua suavidade e flexibilidade e, como toda verdade superior, ela progride melhor quando

leva em conta os erros e os reconhece como tais (JUNG, OC, vol.16/1, § 180).

Se o ego apropriar-se do valor transcendente como uma qualidade própria inerente a ele, num processo denominado por Jung de inflação do ego, perde a virtude e cai na autoafirmação que retira a flexibilidade da convicção sólida. Na inflação, o indivíduo está fora de seus limites ao identificar-se com parte da psique coletiva: ele ou toma algo do coletivo como próprio ou abandona ao coletivo algo seu.

Porém, se não houver inflação, o eu com a sua convicção sólida permanece em relação com um valor transcendente e a pessoa (o ego) é capaz de escutar o outro e de observar os próprios erros e, assim, corrigir-se e progredir. (P. ex.: orientando-se pelo amor a si, pensando no próprio bem (boa vontade), é possível ouvir e aceitar a crítica; mantendo-se em relação com um valor transcendente, reconhece-se o erro.)

Os sentimentos podem servir ao reconhecimento do erro. Se estivermos fixados em nossos interesses (nossos desejos como a causa do sofrimento para os budistas), os sentimentos denunciarão e, se eles forem escutados, poderão informar como corrigir a unilateralidade. Ou seja, levar a pessoa a conduzir-se a um estado de relação com o *Si-mesmo* e a uma visão mais ampla como ocorre, por exemplo, ao entregarmos a nossa vontade (causa de sofrimento) à vossa vontade (*Que seja feita a vossa vontade.*) – Terceiro Passo do A.A.

Não significa que não podemos desejar, mesmo porque o desejo é uma face da motivação, daquilo que nos faz mover, e precisamos de motivação para enfrentar os desafios da vida; porém, significa que nossos desejos devem estar alinhados à totalidade. O mundo não gira em torno de nós. Somos nós que devemos servir à vida e não o contrário, pois a vida não existe para atender aos nossos desejos egoístas. É a nossa vontade que deve servir à vida, tornando-se uma vontade referente à totalidade e, desse modo, encontramos nela o sentido de nossas vidas. A necessidade humana de ser útil, possivelmente, é a expressão de um anseio humano por servir que pode ter relação com um instinto para a religiosidade, o qual se realiza quando se serve à vida (i. é, ao Bem, ao Amor...). Se servirmos a menos do que a totalidade, acabamos como escravos de nossos interesses e perdemos a liberdade de escolha.

Através dos sentimentos, podemos perceber se estamos nos guiando por valores alinhados à totalidade, ou seja, ao *Si-mesmo* (neste caso, experimentamos sentimentos positivos e aceitamos) ou não (quando temos sentimentos negativos e rejeitamos); e qual poderia ser a transformação necessária para que isso ocorra?

A transformação, necessariamente, passará pela realização do oposto, o qual é denunciado pelo sentimento presente e está faltando à integridade do ser.

### ☞ DA TEORIA À PRÁTICA – SUGESTÕES

No cap. 2: "Funções psicológicas e sentimento" sugeriu-se que você identificasse o estímulo-emocionalmente-competente (uma fala, uma situação, um som, um cheiro etc.) deflagrador de uma emoção e o sentimento decorrente e ficou-se de relacionar à visão de mundo. → No caso do sentimento ser negativo, reflita se o estímulo fora percebido como contrário à sua vontade ou a um valor seu importante para você. Pense se haveria outra forma de ver. No caso de um sentimento positivo, avalie o que o propiciou, pode ser que a sua vontade tenha sido satisfeita, mas o sentimento positivo também pode ter sido resultante de um bom trabalho ou uma boa ação. Compare a sua visão de mundo nessas circunstâncias – Estava presa aos interesses do ego ou às suas necessidades? Estava em relação a valores mundanos ou extramundanos?

    Que tal sentar-se, fechar os olhos, relaxar respirando lentamente e se imaginar bem, tranquilo, sentindo o amor o envolver. Se estiver difícil senti-lo, busque a imagem de um momento de uma experiência sua de plenitude ou amorosa. Agora, focado no seu bem, deixe vir à mente qualquer sentimento ou qualquer situação a qual você está apegado por estar associado à ameaça de sua preservação. (P. ex.: um ressentimento pelo abandono de um dos pais ou por um não reconhecimento; um medo por traumas antigos; uma insegurança por abuso moral etc.) Deixe o sentimento que vier fluir, ainda que doa. Permaneça com sua atenção voltada a seu corpo como se você assistisse ao desenrolar das emoções nele, mas sem se identificar com o sentimento. Reflita se você precisa se apegar a ele. Sinta o bem-estar que poderá surgir se você abdicar. Volte-se à experiência de plenitude ou amorosa e, se considerar oportuno, entregue aos céus aquilo que o aprisiona a certa visão de mundo. Entregar requer um desprendimento e uma confiança na vida, pois muitas vezes eram aquelas razões que nos sustentavam, por isso, vá devagar; às vezes, esse exercício simples precisará ser repetido até conseguir-se fazer a entrega.

    Experimente sentar-se confortavelmente, fechar os olhos e respirar suavemente (expire pela boca lentamente e inspire pelo nariz). Relaxado e atento, focando-se no seu próprio bem, imagine-se e sinta-se com o sentimento ou característica opostos ao que lhe causa dor. Essa prática também pode fortalecê-lo para libertá-lo das motivações que lhe prendem a uma visão estreita. Pode ser que, ao imaginar-se com a característica que lhe falta, aquilo que lhe causa dor reapresente-se à mente. Não brigue com ele, não se recrimine, apenas diga a si: "Pode ir" ou "Abro mão". Às vezes a gente resiste a mudar por ter medo da pessoa que será sem determinada característica ou por ter interesse (um ganho secundário) em ter certo defeito. Esse exercício pode ajudá-lo. Repita-o por vários dias. (Ex.: (1) Timidez para falar em público; ao imaginar-me falando com desenvoltura a sensação de medo volta e vou abdicando dela, mas percebo a responsabilidade que viria por falar e que a temo, por isso, não quero abdicar. Preciso trabalhar a falta de autoconfiança que está por trás da timidez. (2) Arrogância: imagino-me caminhando altivo e depois olhando para frente com postura e faces soltas, acolhedoras, as pessoas se aproximando e, então, sinto a minha fragilidade e a arrogância voltando como uma defesa e visualizo de que ela me protege [...]. Então, abdico da "capa".)

Liste características que você acha que tem demais. Por exemplo: sou paciente demais, bom demais, sério demais etc. Se são *demais*, estão em excesso e refletem uma falta. Que características (as quais você desejaria ter ou tem medo de ter) precisariam ser conscientizadas para haver um equilíbrio? O que o *demais* poderia estar escondendo? Uma falta de iniciativa, uma agressividade reprimida, uma falta de amor próprio, um medo da espontaneidade...

Quando acusar alguém, pare e pergunte-se se a falta que você aponta não é sua ou resultante de uma insegurança sua que o leva a acusar o outro. Exemplos: Você não me ama! = Eu não me sinto capaz de despertar amor (por eu não me gostar.). Use as suas anotações para refletir. Com a prática, na hora em que você pronunciar, será capaz de perceber a distorção na acusação.

Um lembrete: Olhar-se requer humildade, coragem, honestidade e pode doer, mas é libertador e meio caminho para a transformação, sendo recompensador. É preciso reconhecer um sentimento, admiti-lo e aceitá-lo (acolher voluntariamente) para se *desidentificar* (eu não sou ele) e desapegar dele, liberando a sua energia para que a transformação possa ocorrer.

A distância ajuda a enxergar. Quando estiver menos envolvido emocionalmente, releia passagens antigas de seu diário, com benevolência.

Veja se você, em alguns momentos na vida de relação, recolhe-se na defensiva ou se tem uma postura agressiva (hostil, arrogante etc.) por temer o mal no outro. Busque em você o que você teme fora. Localizar o que exatamente teme-se fora pode não ser fácil, porém a **consciência** de uma atitude defensiva ou agressiva, afastando-se dos demais ou afastando o outro, por si só, pode propiciar a mudança de atitude e a não ver o outro como o mal. Após conscientizar-se de sua atitude defensiva ou agressiva, você pode colocar-se em relação com a totalidade ou um valor transcendente, o que pode auxiliá-lo a mudar a atitude, pois o tira de uma relação em oposição ao outro.

Ao fazer o seu diário ou na releitura dele, observe se você, em algum momento, transfere as suas insatisfações aos outros ou às circunstâncias e tente buscar a causa e a solução em si mesmo. Experimente reescrever passagens de seu diário, nas quais você aparece como vítima, colocando-se como autor de sua vida e que faz escolhas.

Igualmente, quando disser que o outro é a causa de seu sentimento, pare e busque-a em si. Nem que seja dizendo: *Por que permiti que ele...?* Refaça as suas anotações colocando-se como autor de sua história.

Diga *eu sinto-me triste, magoado, desrespeitado, encantado* [...] e não *ele entristece-me, magoa-me, desrespeita-me, encanta-me* [...]. Aproprie-se de seus sentimentos, pois eles refletem o seu mundo interno, a sua visão de mundo e valores.

Procure ser benevolente consigo mesmo cada vez que notar uma falha e também ao notar uma característica que você reprovava. Acolha essa característica em sua consciência, aceite-a. A autoacusação apenas serve para reforçá-la e, se você tentar negá-la em si, pode dar mais autonomia àquela característica e tornar-se vulnerável a vê-la nos outros e ficar intolerante. Desenvolva o amor próprio, exercitando-o. Exercitar é praticar.

Exercite o autoamor. Procure ser benevolente consigo mesmo, inclusive diante das críticas. Muitas vezes, isso requer humildade para reconhecer e aceitar a possibilidade de falhar e, nesse caso, há mais amor próprio do que no orgulho que recusa ver em si a falha. Escutar a crítica não é concordar, é averiguar antes de rejeitar.

Perceba como, na medida em que você fica em paz com suas facetas anteriormente negadas, mais à vontade você insere-se no mundo e, consequentemente, fica mais sereno. Lembrando: aceitar não é atuar, mas um caminho para se libertar das sombras que o aprisionam. (Libertar = deixar de ser dominado, o que é diferente de deixar de ter.)

Numa decisão, lembre-se que a escolha deve fazer bem para todas as partes envolvidas. (Popularmente se diz: *É bom para mim, quando também é bom para você.*)

Exercite amar, isto é, desejar o bem, agir pelo bem e alegrar-se com o bem, seu e do próximo. Se, num primeiro momento, você vir que não se alegrou com o bem alheio ou mesmo não gostou, admita isso, não se recrimine nem negue. Antes de trabalhar qualquer virtude, comece admitindo o vício oposto, se o tiver, para não reprimi-lo aumentando o seu poder. Avalie as suas razões para senti-lo. Dialogue internamente e busque mudar o olhar, começando por abdicar de suas justificativas. Se você quiser amar, busque meios internos, por exemplo, saindo da situação que o liga emocionalmente ao outro, olhe para o outro nas circunstâncias dele, perceba que o bem dele é seu também, pense no próximo como um semelhante, um irmão ou um filho de Deus etc. – crie o seu como. Um bom começo é colocar-se em relação com um valor transcendente, com a totalidade ou com Deus e olhar para a situação a partir dessa relação, saindo de uma relação parcial (ou eu ou ele) e direta entre você e o outro. Mas, se você não consegue (não quer) abdicar e sente o oposto, não busque o bem negando o que você sente, pois reforçaria a unilateralidade, potencializando mais a ação inconsciente do sentimento negativo.

Treine um bom olhar: (1) Comece por você mesmo, ao olhar para uma foto sua, veja a sua beleza. (2) Vá até a janela, respire profundamente, solte e sinta a graça da vida, depois, olhe a beleza ao redor. (3) Agradeça pelas pequenas e grandes coisas. Observe a generosidade da natureza que lhe oferece a luz solar e a sombra, e observe tudo o mais que gratuitamente a vida dá-lhe, inclusive através do trabalho e dedicação de outras pessoas. Sinta a gratidão. Quando se está grato, automaticamente, a pessoa sente-se ligada à vida e com vontade de retribuir desejando e fazendo o Bem. (4) Caminhando ou num coletivo, observe as pessoas e a diversidade delas, veja beleza na singularidade de cada uma, você pode criar narrativas bonitas para elas e alegrar-se com isso.

Habitua-se a, vez ou outra, questionar-se se você está intencionando o Bem e a pensar nas consequências de suas decisões. No início, esse questionamento poderá ser feito a partir das anotações de seu diário.

Antes de uma decisão, treine a perguntar-se: Eu preciso, é necessário, é conveniente? Pratique a boa vontade (= ser benevolente), em vez de pensar no prazer imediato, pense no seu bem. É diferente de força de vontade, em que há forças opostas em luta (faço ou não faço, bebo ou não bebo). Na boa vontade não há uma segunda opção. (P. ex.: Compro porque quero e gostei disso → Estou pensando mais no objeto e no meu prazer do que no meu bem X Compro porque eu preciso disso. Não compro porque o melhor para mim é não gastar agora. → Em ambos os casos, estou me guiando pelo meu bem e não pelo objeto.)

Experimente praticar o Terceiro Passo: fazer o que tem de ser feito porque tem de ser feito por Deus ou pela vida ou pelo Bem [...]. Você estará fazendo para aquele valor (Deus, Vida, Bem...) e não para você, portanto, sem criar expectativa de um resultado específico, pois ele não está em suas mãos e você não fará para atender ao seu desejo. → Isso fortalece para agir, alivia da ansiedade presente e evita um desgosto futuro. (Ex.: Tenho medo de falar com fulano, mas falo porque precisa ser feito para o meu bem. → Independente do resultado (fulano ser grosseiro, não atender a um pedido etc.), estarei satisfeito por ter agido pelo meu bem e confiante no resultado futuro.)

Admita os sentimentos negativos ao invés de brigar com eles e tentar reprimi-los, pois é preciso que eles sejam conscientes para não nos dominarem, mas também não se entregue a eles ("sou assim mesmo"). Admitindo-os, aceitando-os e mantendo-os na consciência encontra-se um meio-termo entre se identificar com eles e reprimi-los, e a energia deles pode ser liberada. Conscientes, eles são a fonte da virtude oposta. Escute as suas mensagens (cf. no próximo capítulo).

Não procure ser perfeito ou ideal, mas busque ser íntegro, ainda que precise passar por conflitos, doa e dê trabalho, a fim de encontrar a paz.

Não se preocupe com os defeitos alheios, mas com os seus. São os nossos defeitos que nos expõem ao dos outros. Em vez de esperar que os outros mudem e condená-los, que tal aproveitar a oportunidade para admitir o próprio defeito ou ponto vulnerável e cuidar dele? Exemplos: alguém pode cair num golpe que promete ganho fácil devido à sua ambição que o cegara; uma pessoa pode se expor, desnecessariamente, em função da própria vaidade. É melhor ter os defeitos à vista, isto é, ter consciência deles para não cair neles. *(É reconhecendo e vigiando o meu ponto fraco que me torno forte.)* Mesmo que não pretenda transformar-se, é prudente reconhecê-los. Se quiser, liste aquilo que, no seu julgamento, é um defeito seu, depois, quando quiser, você poderá trabalhá-los.

## RESUMO DAS PRINCIPAIS IDEIAS

- Visão de mundo (VM) do ego para o ego = unilateral, estreita.
- Visão de mundo em relação com valores transcendentes = ampla.
- Visão de mundo (VM) em relação com a totalidade = ampla; VM com menos do que a totalidade (com uma parte) = estreita ou unilateral.
- Sentimentos negativos como consequência de VM estreita.
- Sentimentos positivos consequentes à VM ampla.
- VM estreita rejeita, e com isso separa; VM ampla aceita, portanto integra.
- VM estreita → conflito → VM ampla

**a) Visão de mundo unilateral**
- VM unilateral → está-se em relação a tudo que é menos do que a totalidade.
- Virtude = meio. Falta de um lado = excesso de outro. Bem supera a unilateralidade. Bem de um = Bem dos demais.
- VM estreita, consequências: vazio e a insaciedade; separação do todo (interno e externo); cisão interna; conflito interno; conflito externo; fortalecimento do mal projetado; resolução do conflito = VM ampla e mais amor a si e ao próximo.

- Partes em conflito são da própria pessoa.
- Deve-se admitir e aceitar a parte rejeitada, o que é diferente de atuar.
- Admitir o sentimento negativo para estabelecer um diálogo interno, entendê-lo, buscar as suas origens em si, analisá-lo e redirecioná-lo.
- Se negado, é que se pode atuar; particularmente se a pessoa for tocada em complexos.
- Sentimento pode indicar haver: complexos, partes negadas, VM unilateral, conflito e VM ampla.
- Resolução do conflito = maior autoconhecimento e mais amor.

**b) Conflito**
- Não há totalidade sem a vivência dos opostos.
- O conflito antecede a ampliação da consciência.
- Deserto: retirada do mundo externo para o interno; vivência do conflito interno solitário que antecede a revelação (ampliação da consciência).
- No desenvolvimento da personalidade, aspectos do inconsciente indiferenciado vão se diferenciando para tornarem-se conscientes.
- Uma parte de um aspecto fica consciente e a parte oposta, no inconsciente.
- Conteúdos do inconsciente são reagrupados em atitude compensatória ao consciente mantendo o equilíbrio psíquico → autorregulação.
- Opostos atingindo a consciência levam à estagnação e a energia da tensão entre eles regride ao inconsciente e o ativa: surge a solução (função transcendente).

✓ Função transcendente cria a passagem de uma atitude consciente para outra.

✓ Conflito termina com a união de opostos, mantendo a individualidade de ambos.

✓ União de opostos: sai do **ou** (unilateralidade) para o **e** (os dois lados juntos) → consciência e personalidade ampliam-se.

**c) Visão de mundo ampliada**

✓ Visão de mundo ampliada: ego em relação com a totalidade (*Si-mesmo*).

✓ VM ampla: Ego e *Si-mesmo* estão em harmonia.

✓ VM ampla: opostos em equivalência. Estar no meio apoiado por um valor transcendente que unifique os opostos permitindo a existência de ambos.

✓ VM ampla: voltada para valor que represente a totalidade: Amor incondicional (*ágape*) e Bem.

✓ *Ágape* é apenas fonte, pura doação, não pede.

✓ Amar é desejar o bem, agir pelo bem e alegrar-se com ele.

✓ Ter boa vontade é guiar-se pelo bem.

✓ Guiar-se pelo Amor, Bem ou totalidade é orientar-se para o *Si-mesmo*.

✓ Entregar a vida e a vontade a Deus é fazer o que deve ser feito por Ele (que pode ser representado como um valor transcendente: Bem, Amor...), sem a expectativa de um resultado de acordo com a vontade da pessoa.

✓ Paradoxo: ao entregar-se à totalidade, possui-se a vida e a liberdade.

- Paradoxo une ideias opostas.
- *Si-mesmo:* representado por totalidade, Amor e Bem.
- Benevolência (amor) para consigo mesmo para aceitar-se.
- A virtude precisa do vício oposto para dar-lhe medida, pois a virtude é o caminho do meio.
- A virtude é em si a sua própria recompensa.
- Voltando-se para o Amor/Bem os opostos podem se reconciliar.
- Bem = o que favorece a vida. A vida é valor biológico e espiritual.
- Quando se está na unilateralidade: para sair dela pode-se agir da forma contrária (*dar a outra face*), acionando o valor oposto, ou colocar-se em relação com um valor transcendente como o Bem.
- Se o indivíduo identificar-se com o valor transcendente, "eu sou o Amor" há inflação e perde a virtude. É para estar em relação com ele e não para identificar-se com ele. É a relação que mantém a fluidez da vida.
- Aprender com os erros. Sentimento pode denunciar a unilateralidade.
- Sentimentos indicam se guiamo-nos por valores alinhados ao *Si-mesmo* (sentimentos positivos) ou não (sentimentos negativos) e o que nos falta.
- A transformação para uma consciência mais ampla passa pela realização do oposto.

# 7
# A escuta dos sentimentos

O estudo dos sentimentos para o autoconhecimento e ampliação da consciência e exemplos:

Somos nós os responsáveis pelo que sentimos, pois os sentimentos dependem de nossa visão de mundo e de nossos valores. Os sentimentos nos ensinam a respeito de nós mesmos. É função racional, sujeito à reflexão e passa pela consciência. O sentimento pode e deve ser submetido a uma análise para avaliarmos o que eles dizem a respeito de nós mesmos, particularmente, sobre a nossa sombra, as nossas qualidades a serem reconhecidas e as qualidades necessárias à integração dos opostos na consciência.

Abaixo, alguns exemplos de sentimentos clássicos seguidos de comentários genéricos, ou seja, que não consideram a individualidade de cada caso, pois cada pessoa experimenta o sentimento a seu modo e circunstância e, assim, ele tem uma significação própria que só ela pode dar.

Na clínica, observa-se que, quando não se contenta apenas com a denominação do sentimento e pede-se para a pessoa falar mais sobre o que sente, ela mesma costuma dizer de onde vem o sentimento e o que falta a ela para transformar aquele sentimento e a si. Por exemplo, um cliente diz que não gosta de se frustrar e, ao ser perguntado o que pode fazer, ele responde: "Parar de me iludir"; enquanto outro diria: "Não esperar nada de ninguém" ou "Não criar expectativa". A resposta de cada um sendo condizente com a sua visão de mundo e dinâmica na vida, e fornecendo dicas para orientá-lo no seu processo de desenvolvimento. Exemplos:

- Culpa – Pode ser real ou imaginária. Decorre da pessoa ter contrariado um valor seu e com isso ter prejudicado a si ou a outrem (VISCOTT, 1982: 47), indicando que tem o valor em si e pode fazer a reparação; bem como que pode haver orgulho por achar que não poderia errar, e onipotência e onisciência se a pessoa acha que o resultado estava em suas mãos e deveria saber de tudo, de todas as variáveis, podendo ter evitado ("Eu devia...", "Eu podia..."). A culpa pode evoluir ao remorso por paralisação na culpa, crendo-se imperdoável e sem possibilidades de mudança e de reparação, ou levar ao arrependimento pela consciência de que pode fazer melhor.

A dificuldade de assumir as próprias responsabilidades e falhas pode ocasionar a transferência da culpa para os outros. E a dificuldade de aceitar que os resultados podem contrariar os nossos desejos também favorece a busca por culpados (a própria pessoa ou outros).

Através do Amor, sendo-se benevolente consigo mesmo, pode-se desenvolver a humildade para a aceitação da falibilidade e para o autoperdão e fazer-se a reparação.

A culpa refere-se a um ato e aparece na Bíblia após Eva e Adão comerem do fruto da árvore do conhecimento do Bem e do Mal. Após comerem surge a consciência ("E foram abertos os olhos de ambos e souberam que estavam nus" (Gn 3,7)), uma consciência que é moral (árvore do Bem e do Mal), e aparecem os primeiros sentimentos relacionados à separação do todo ("a queda do paraíso") – o de vergonha (esconde-se: afasta do olhar/consciência a parte de si mesmo que reprova), o de medo ("e temi porque estou nu, e escondi-me" (Gn 3,10)) e o de culpa –, e também aparecem a negação e a projeção (A culpa é de Eva, diz Adão. É da serpente, diz Eva) e o conflito.

Os resultados de eles terem transgredido a proibição e comido do fruto vetado são: a separação do todo, o início da formação da consciência moral, o aparecimento de alguns sentimentos, a punição, o conflito ("E inimizade porei entre ti e a mulher [...]" (Gn 3,8)), a dor e o trabalho que traz a recompensa. A partir daí, segundo o mito, o ser humano passa a sentir dor e surgem as punições, que nada mais são do que as consequências da escolha feita, que, quando dolorosas, são importantes para conduzir a pessoa a, da próxima vez, escolher pelo Bem conscientemente, isto é, sabendo de seu valor; escolher o Bem não porque a outra opção é proibida – mandaram fazer o Bem ou será multado ou castigado se não o fizer –, mas porque compreende e escolhe por fazê-lo. (O limite fora internalizado.) O erro e a falha como fonte do melhor. ("E nada é tão mau que não possa produzir um bem" (JUNG, OC, vol. 7/2, § 290)).

• Decepção e frustração – Surgem por esperar-se das coisas ou pessoas mais do que são ou podem dar, iludindo-se ao querer a realidade conforme o seu desejo ou exigir-lhes uma perfeição que não têm. A decepção indica que se deve mudar de expectativa (sair da ilusão) e a frustração, que até se pode manter a expectativa, mas se deve mudar a maneira de se conduzir para atingi-la. De qualquer forma, não são os outros que nos decepcionam ou frustram, mas nós mesmos com nossas expectativas e atuações. É preciso abdicar das expectativas e razões pessoais. Saindo do interesse do ego e entregando a sua vontade e a sua vida a algo maior do que o eu, colocando-se em relação com um valor transcendente, como o Bem e o Amor, ou com o Deus de sua crença, o indivíduo não criará mais expectativas de resultados e pode, por exemplo, olhar para o outro como é e aceitá-lo. E pode desenvolver a fé, a certeza íntima de que tudo evoluirá para o Bem.

• Admiração – Pode resultar de haver potenciais próprios ainda não desenvolvidos – os quais são atribuídos aos outros – e um desejo de desenvolvê-los, denunciando-o.

• Inveja – O indivíduo não reconhece nem desenvolve os seus potenciais e sente-se atingido pelos indivíduos que desenvolvem os próprios, preferindo que eles não os tivessem a investir nos seus. Há a comparação com o outro gerando um incômodo com características e vitórias alheias, frequentemente, devido a frustrações e fracassos não resolvidos e negados, os quais o outro lhe faz recordar, com isso, a pessoa sente-se inferior e, em resposta, procurará diminuir a outra; daí o potencial destrutivo da inveja, inclusive de si mesmo, pois, na inveja, deseja-se ser ou possuir o que é do outro, afastando-se da própria singularidade. Admitir em si a inveja auxilia na autorrealização por dar a chance de se entrar em contato com aquelas frustrações e fracassos e resolvê-los, investindo-

-se mais em si e/ou abdicando daquilo que se queria, embora não fizesse parte de sua história (ao desenvolver os próprios potenciais, torna-se fácil aquela renúncia). A energia da inveja passa a ser usada construtivamente e, para isso, a pessoa precisa de humildade, aceitar-se como é, ser benevolente consigo mesma: amar-se.

- Irritação – A irritação com aspectos alheios pode se dever à negação de aspectos semelhantes na própria pessoa. Pedem pela conscientização e aceitação deles em si mesmo, sendo benevolente consigo – amando-se como se é – para poder-se integrá-los à consciência.

- Timidez – A timidez é uma associação de medo com orgulho: medo de falhar e orgulho por não se permitir falhar ou ter falhas. Esse orgulho gera a vergonha, a necessidade de esconder as suas possíveis falhas, e um temor da opinião alheia. Há uma dificuldade de se aceitar, ansiando pela aceitação dos outros. Faltam confiança, humildade, aceitação e uma atitude mais benevolente consigo mesmo. O foco num valor transcendente (como um poder superior conforme o conceba, o Bem etc.) e a entrega a ele auxiliam a pessoa a sair da prisão do ego (o que inclui o medo de falhar e da opinião do outro) e, sem negar o medo e o orgulho (tendo consciência deles), a encontrar e expressar a confiança, a humildade e a aceitação da possibilidade de falhar (amar-se). A entrega a um poder ou valor superior, ou seja, a relação com um valor transcendente, permite que se liberte da expectativa de determinado resultado, gerando confiança e disponibilizando para a ação a energia antes sequestrada pelo medo. Por exemplo, se ao agir, o indivíduo o fizer em função de um valor totalizante (Deus, Bem, Amor...), fixando a sua atenção nele, automaticamente, ele deixará de estar em função da parte (o ego, a opinião alheia etc.) e não será dominado pela timidez, naquele momento.

A propósito, timidez é diferente de introversão. Introversão e extroversão são atitudes da consciência em que o movimento da energia psíquica é em direção, respectivamente, ao mundo interior e ao mundo exterior. O introvertido traz o mundo para dentro de si e responde mais às suas impressões internas, enquanto o extrovertido procura impactar ao mundo respondendo mais às impressões vindas do exterior. Tanto o introvertido quanto o extrovertido podem se sentir tímidos em determinada circunstância. Nem sempre a reserva de um introvertido é timidez.

• Medo – Por estar separado do todo, não confiando na vida; falta fé. Quando o medo é relativo a características de outras pessoas, a ameaça pode decorrer da falta de contato com aspectos próprios mantidos inconscientes. Deve-se buscá-los em si e admiti-los, e amar-se para aceitá-los em si.

• Ansiedade – Decorre do medo de uma dor real ou imaginária no futuro, ainda não aceita (VISCOTT, 1982: 89). Falta fé, aceitação da possível dor e concentração no presente; estes são encontrados quando se coloca em relação a um valor transcendente, ou seja, quando se entrega a vida e a vontade a Deus/*Si-mesmo*/Amor (o nome que se dá não importa), o que acaba com a expectativa de determinado resultado e traz a fé de que tudo caminhará para o bem, ainda que se passe por dores; aceita-se a possibilidade da dor e a ansiedade tende a passar. A ansiedade é uma forma de medo que pode vir acompanhada de pensamentos negativos em relação ao futuro e de tentativas de controlar o que ocorrerá. Fazem-se necessárias a entrega e a fé, ou seja, sair da prisão do ego e colocar-se em relação com um valor transcendente. Para fazer a entrega, é preciso abrir mão das razões e dos desejos pessoais e do controle.

• Mágoa – Decorre de sermos atingidos em nossa vulnerabilidade, em algum complexo afetivo inconsciente, e em algo valoroso para nós, ainda que este valor (positivo ou negativo) esteja inconsciente. Muitas de nossas mágoas resultam de expectativas não atendidas, a começar pela de que o outro não tenha falhas nem erre e, geralmente, a falha apontada tem relação com aspectos negados da própria pessoa. A mágoa pode servir para nos revelar o valor adormecido presente em nós e/ou um complexo afetivo inconsciente. (P. ex.: alguém fica magoado com outrem por achar que ele fala de forma impositiva e observa-se que o primeiro tende a ser submisso: o outro tem em excesso o que falta ao magoado.) Persistindo a mágoa, ela pode gerar rancor e ressentimento. Praticando-se o desligamento emocional, em que se toma distância das razões do ego, e dos fatos e das pessoas envolvidas, e colocando-se em relação com o Bem/Amor, pode-se analisar e escutar as fontes da mágoa em si mesmo.

Em todos esses exemplos, o sentimento negativo não deve ser negado em favor do positivo, pois isso apenas reforçaria a unilateralidade, mas deve ser admitido e aceito. Aceitar é dizer sim ao que é, algo como "se é assim, é assim que eu quero", é acolher voluntariamente, numa postura ativa; aceitação é diferente de resignação, na qual há uma passividade com contrariedade, mais próxima de "Então está, mas não queria", permanecendo-se em oposição.

Uma vez admitido e aceito, um sentimento negativo pode estimular a trazer-se à consciência o positivo (o qual nasce de seu polo oposto) para, apoiando-se num valor transcendente, realizar-se a virtude.

É oportuno salientar que as emoções e os sentimentos definidos como negativos são parte da existência e necessários, mesmo porque não há virtude real sem o vício correspondente consciente. Os negativos, embora denominados de negativos, não são ruins, nem bons, a questão é o direcionamento que se dá a eles, ou seja, a forma como a energia é aplicada. Quanto a isso, Jung escrevera:

> Um "valor" é uma possibilidade através da qual a energia pode chegar a desenvolver-se. A energia em si não é boa nem má, nem útil nem prejudicial, mas neutra, posto que tudo depende da forma como a energia é aplicada. A forma é que dá qualidade à energia (JUNG, OC, vol. 7/1, § 71).

As emoções e os sentimentos negativos, quanto melhor direcionados de modo a, finalmente, conduzirem a uma transformação do indivíduo pela prática, menos frequentes tenderão a ocorrer. Enquanto estivermos em processo de individuação e a consciência tiver o que se expandir – portanto, provavelmente, a vida toda –, eles surgirão.

A emoção, mesmo a negativa, é um ajuste do organismo, um conjunto de reações reflexas para a sobrevivência, e o sentimento é a consciência dela, logo, ambos são imprescindíveis. Tome-se a tristeza como exemplo, ela é uma emoção fundamental para se lidar com uma dor por uma perda do que se tem ou gostaria de se ter, para, a partir dessa vivência (do sentimento), reestruturar-se sem aquilo que fora perdido ou não alcançado, muitas vezes, assim trazendo uma nova perspectiva sobre a vida com novos valores. A sua adequação às circunstâncias, o que inclui uma curta duração, é um importante fator de saúde mental e, bem vivida, a tristeza conduz a um bem-estar posterior pela transformação resultante.

Outro exemplo, a culpa indicando que um valor da pessoa fora contrariado é importante para que ela, da próxima vez, não contrarie aquele valor. Assim, o mal-estar gerará o bem. Pior seria se a pessoa não sentisse culpa e continuasse a prejudicar as pessoas e a si. A culpa é ruim se perdurar e se conduzir ao remorso, mas boa, se conduzir ao arrependimento, à mudança de atitude e à reparação. A diferença está no direcionamento dado à culpa.

Sentimentos negativos contêm graus variáveis de dor, e a dor é necessária para alertar-nos de uma lesão ou da iminência dela a fim de mudarmos a nossa conduta. Comparando com a sensação de dor pelo contato com o fogo: se colocarmos o dedo no fogo, haverá a sensação de quentura e de dor para tirá-lo antes do dedo ser lesado; se não escutarmos a mensagem da dor ou anestesiarmo-nos para não sentir, persistiremos com o dedo no fogo e ele será lesado. O mesmo ocorre com os sentimentos negativos, eles são importantes para a sobrevivência e a sua mensagem é para ser escutada, não devendo ser ignorados nem anestesiados, nem é para insistirmos nas nossas condutas, aguardando que o mundo mude. Querer que a mudança venha do mundo para a nossa dor passar seria como manter o dedo no fogo, esperando que o mundo mude e apague o fogo para o dedo não continuar a ser lesado; parece loucura, mas essa é uma atitude frequente: crer que a mudança deve ocorrer no mundo e nos outros, e não em nós e esperar por ela.

As emoções e os sentimentos definidos como negativos fazem mal, organicamente, **quando perduram**. (Provavelmente, todos já ouviram falar que o *stress* é ruim quando duradouro e não direcionado. Se logo ele atingir o seu fim, não traz prejuízos.) O problema não é sentir, mas permanecer; é cultivar os sentimentos negativos ou negar-lhes a existência (como um cultivo subterrâneo) e não assumir a responsabilidade por eles; finalmente, é o que se faz de um sentimento, o seu direcionamento, o que o torna, efetivamente, bom ou ruim.

Quando há um mal-estar e um sentimento dito negativo ou inferior (sentimentos negativos são os que contêm algum grau de dor e vêm com dificuldade do funcionamento orgânico e, metafisicamente, são os relacionados à separação do todo), no que se refere a um melhor direcionamento que se dará a ele:

1) A pessoa pode, após tomar consciência daquele sentimento admitindo-o em si e aceitando-o, fazer um movimento contrário do modo como se conduziria em função daquele sentimento, na intenção de fazer o bem, guiando-se pelo amor. Assim, ela estará ajudando a trazer à consciência o oposto, ou seja, possibilitando com que aspectos sombrios

positivos, potenciais adormecidos despontem, e assim haverá uma satisfação pela conduta tomada. Para isso, é importante estar-se focado num valor tal como o bem (o amor), intencionando-o, de modo a não se perder o contato consciente com o sentimento negativo, nem se realizar a virtude por interesse do ego, constituindo uma unilateralidade.

Com a repetição do movimento contrário, ao final, provavelmente, o indivíduo sentir-se-á bem pela conquista interior e uma nova visão de mundo começará a brotar.

Na execução do movimento contrário, é importante manter-se o contato consciente com o sentimento negativo a fim de que o indivíduo nem seja dominado por ele nem o renegue. Nesse aspecto, é prudente lembrarmo-nos da observação de Jung de que

> cometemos um erro grosseiro ao acreditar que o reconhecimento do desvalor num valor ou da inverdade numa verdade impliquem na supressão desses valores ou verdades. O que acontece é que se tornam relativos. Tudo o que é humano é relativo, porque repousa numa oposição interior de contrários, constituindo um fenômeno energético [...]. Portanto, a tendência a renegar todos os valores anteriores para favorecer o seu contrário é tão exagerada quanto a unilateralidade anterior (JUNG, OC, vol. 8/1, § 115).

Exemplo de movimento contrário: não iria falar com alguém por orgulho. Após perceber e admitir que estaria sendo guiado pelo orgulho, saindo do interesse do ego e orientando-se por fazer o melhor possível e/ou o bem, o indivíduo pode optar por falar e, ao fazê-lo, estará sendo humilde.

Se não puder fazer o movimento contrário, o indivíduo pode apenas não agir conforme faria em função do sentimento negativo, desde que o aceite em si, mas não o justifique defendendo uma postura unilateral do ego. Um indivíduo, ao tomar consciência de um sentimento negativo, pode evitar ser dominado por ele e ser reativo. Desse modo, a pessoa já começa a desconstruir um hábito e a abrir-se à possibilidade de mexer com a sua visão de mundo.

2) A pessoa pode, abdicando das razões do eu, experimentar sair do interesse do eu, ou seja, de um ponto de vista a partir dela e voltado para ela, e focar-se num valor transcendente, no Amor maior ou no Bem. Assim, perceberá surgir nela o sentimento oposto ao que sentia e necessário à transformação, com efeitos sobre a sua consciência e visão de mundo que, com a repetição, tenderão a ampliarem-se.

Exemplo: Raiva por ter sido invadido em seus limites. Saindo do foco das razões do ego e buscando-se compreender o outro, movido para o Amor, intencionando o Bem, a raiva da outra pessoa passa, ou melhor, a raiva deixa de se voltar para a outra pessoa, e pode-se usar da energia da raiva construtivamente, isto é, não mais contra o outro, mas a favor – para o bem – de ambos e na afirmação dos limites. A benevolência e o amor consigo mesmo também permitem admitir que faltaram à própria pessoa reconhecer os seus limites e dá-lo, facilitando a invasão; a admissão é necessária para que a pessoa transforme-se e, posteriormente, dê limites.

Enquanto se está contra algo ou alguém, naturalmente, a pessoa fica interiormente armada, fazendo-lhe mal. Mas, se ficar a favor, ela se desarma e sente-se bem ao intencionar o bem, ainda que haja nela um acréscimo de energia relacionado à raiva. A pessoa pode, por exemplo, ser enérgica, sem ser raivosa. A raiva aumenta o vigor da pessoa e, como toda emoção, é apenas energia, nem boa nem má; consciente dela, esse vigor pode ser usado para o bem, se a pessoa quiser. Usar a energia para o bem, desejar o bem e alegrar-se com ele é amar.

Os neurocientistas (GOLEMAN, 2003) observaram que todos têm uma quantidade de raiva, a qual é específica para cada pessoa e não se perde. Um estímulo-emocionalmente--competente pode aumentá-la, transitoriamente. Mas, para diminuir a raiva, transitoriamente, é necessário estimular as áreas cerebrais relativas ao amor (o oposto da raiva), isto é, amar. O amor tem ação inibitória sobre a raiva, enquanto se está sentindo amor, mas o inverso não ocorre, a raiva não inibe o amor (sugerindo uma prevalência da virtude sobre o vício correspondente). Portanto, o movimento contrário, isto é, o exercício do bem, da virtude, no lugar da prática do mal (do exercício do vício) também parece ser neurologicamente um caminho para se alcançar o equilíbrio emocional. Como no ditado chinês: "Temos um cão bom e um cão mau em nós, basta alimentar apenas o cão bom". E alimentar diariamente...

Um único bom e adequado direcionamento da energia não é suficiente para a transformação (ampliação da consciência como parte do processo de individuação). A repetição é necessária para se aprender e apenas pode-se dizer que houve a transformação, quando a virtude for algo tão natural e espontâneo, que a pessoa nem percebe que a realiza e, assim, permanece humilde. Humildade significa no seu real tamanho. Neste caso, a pessoa não sente orgulho por seu ato virtuoso nem há inflação do ego, ou seja, ela não se apropria da virtude, a qual ela apenas tem enquanto a exerce por estar em relação com um valor transcendente.

Para um indivíduo poder dar um melhor direcionamento a um sentimento é preciso, antes de tudo, estar consciente dele, admiti-lo e aceitá-lo. Há um intervalo entre sentir e a reação, ou o impulso para a reação e a reação. É preciso estar presente, atento a si mesmo (o que alguns chamam de vigilante) para alguém estar consciente de seus sentimentos, ao que se passa no corpo e na mente no curso de uma emoção. Apenas consciente do sentimento, pode-se deliberar sobre seu direcionamento e ser ativo e não reativo. Estar consciente dos sentimentos, porém, implica permitir-se sentir e tolerar a dor que acompanha um sentimento negativo, se for o caso. Por outro lado, é justamente esse necessário contato com a dor que faz com que, frequentemente, evitemos a admissão e a consciência de um sentimento negativo.

Entrar em contato com a dor que acompanha os sentimentos negativos, e que é inerente à vida, é que permite liberar a dor. Em vez de procurar bloquear e reprimir o sentimento (bloquear não é recomendável, pois a energia pode ir para o corpo) ou ser dominado por ele, um indivíduo pode escolher como direcioná-lo, desde que ele admita e aceite o seu sentimento, mantendo-o na consciência. Ao escolher o que fazer do que sente, se estiver em relação com valores transcendentes (que pode ser o próprio bem), um indivíduo pode poupar-se de alguns danos futuros, de acrescentar mais dor à dor e do sofrimento.

Acolher a dor de um sentimento negativo pode requerer do indivíduo que ele seja benevolente consigo mesmo, que se ame; para ele mesmo compreender a sua dor e não negá-la, e para ter compaixão por si mesmo.

Às vezes, vigilante, um indivíduo consegue escolher prontamente a sua ação (que pode ser uma não ação), mas, frequentemente, é no decorrer de uma reação que um indivíduo percebe a sua reatividade e o sentimento dominando-o. No momento em que toma consciência, um indivíduo pode escolher redirecionar esse sentimento, isto é, o que fazer com ele. Consciente, por exemplo, de estar sentindo-se magoado, um indivíduo pode, em vez de sair atacando e acusando o outro ou recolher-se defensivamente, falar assertivamente sobre a mágoa com o interlocutor e evitar dissabores futuros.

Admitir e aceitar os sentimentos e fazer os movimentos acima descritos para um melhor direcionamento dos sentimentos negativos é dispor dos sentimentos para o desenvolvimento espiritual, e é contribuir para a saúde. Se os sentimentos positivos correspondem a um estado de bom funcionamento orgânico, bem como a uma atitude em que o ego está em relação com o *Si-mesmo*, orientado no sentido deste, executar aqueles movimentos é buscar a ambos. Cultivar os sentimentos positivos, sem negar os negativos, é cultivar a saúde e a paz de espírito.

☞ **DA TEORIA À PRÁTICA – SUGESTÕES**

Revendo as suas anotações, você deve ter identificado o(s) seu(s) sentimento(s) mais recorrente(s) (como sugerido em capítulos anteriores), que se repete(m) nas mais diversas situações. Possivelmente, ele tem relação com os seus complexos que, quando ativados, podem dominá-lo, colocando-o refém deles. Por exemplo, frequentemente, ao contar sobre diversas situações, você pode notar ter se sentido sempre da mesma forma (desrespeitado ou humilhado ou traído ou lesado ou pisado etc.), oferecendo um indicador de algum complexo seu. Agora, sempre que se sentir assim, consciente do seu sentimento, interrompa o comportamento reativo a ele e o fluxo de pensamentos habituais, desconfie ao pensar que a causa esteja fora e experimente fazer o movimento contrário, ou voltar-se para um valor transcendente tal como o Bem, a fim de despotencializar o complexo.

Veja: na sugestão acima, aconselha-se a interromper o comportamento reativo ao sentimento, não o sentimento. Este deve ser mantido na consciência e não reprimido. Quando num ambiente, confortável e seguro, você reler ou relembrar da situação associada àquele sentimento recorrente, se por acaso revivê-lo, deixe-o fluir, não resista nem o interrompa. Pode ser que você se recorde de histórias de seu passado associadas àquele sentimento. Deixe fluir a emoção e o sentimento que vierem. Depois, você pode fazer os exercícios de mentalização e desapego do capítulo anterior.

Admita, aceite e escute os seus sentimentos. Tente entender as suas mensagens.

Se for necessário, fale a respeito dos seus sentimentos com outras pessoas prestando atenção no que você mesmo diz. Mas, particularmente, quando for um sentimento negativo, não tente se justificar insistindo nas suas razões em oposição ao outro. Isto só reforçará o mal-estar.

Um sentimento negativo não é mau; bom ou mau é o direcionamento, portanto, direcionando-o para o seu bem, fará bem. Assim, se há uma tristeza e ela for direcionada para se reestruturar sem o que fora perdido ou não alcançado, fará bem e passará. Se a culpa levar ao arrependimento, ao reconhecimento do valor que fora contrariado, à vivência desse valor e a uma reparação, ela fará bem e passará. E assim por diante.

Relendo anotações de seu diário ou nas que você fizer hoje, observe se você foi reativo ao seu sentimento. Isto é, se em determinadas situações houve um sentimento agradável ou desagradável e se você reagiu a ele comportando-se em resposta ao que você sentiu e não propriamente à circunstância. E mais, veja se a sua reação adicionou dano ou produziu mais dor à situação. Depois, pense como seria agir, isto é, se você estivesse consciente de seu sentimento (admitindo-o para si mesmo), mas não dominado por ele, como você escolheria agir? Da mesma forma? De forma contrária? Simplesmente não reagiria? (P. ex.: Senti-me excluído e sem importância ao ser deixado por último numa sala de espera e fui embora, já que não se importam comigo. Agora, vejo que ao reagir, confirmei o que sentira, pois eu exclui-me e não dei importância à minha necessidade, pois o atendimento era importante para mim, não para eles. Se estivesse focado no meu bem, na minha necessidade, aguardaria.)

Outra opção é selecionar algumas situações antigas descritas em seu diário e imaginar-se estando focado em fazer o bem a si e/ou ao próximo e não em defender o seu interesse (se era o caso). Como você agiria? Como seria? Imagine também, no caso de sentimentos negativos, como seria fazer o movimento contrário em algumas situações. Se você gostou das possibilidades vislumbradas, comece a aplicar no dia a dia.

Exercite o movimento contrário. Após conscientizar-se de seu sentimento, pense na consequência daquilo que você pretenderia fazer reativamente a seu sentimento presente. Se a consequência não for o bem, faça o contrário ou então, simplesmente, deixe de fazer aquilo que levaria a um mal. Por exemplo, você está colérico e iria bater em outra pessoa: não precisa abraçá-la, apenas não bata, e você já estará evitando um mal e deixando de ser conduzido pela cólera para ser conduzido pelo Bem.

A partir de um sentimento, experimente pensar na consequência de você agir tendo como parâmetro o seu bem e/ou o do outro. Exercite aplicar a energia de um sentimento negativo a favor e não contra algo ou alguém, enquanto você visa o Bem. Se você faz um diário no final do dia, aproveite para rever a sua visão de mundo em diferentes circunstâncias e visualizar-se se colocando em relação com um valor transcendente como o Bem. Este exercício ajudará a redirecionar-se mais prontamente, no dia a dia.

Exercite as duas sugestões anteriores nas pequenas contrariedades que ocorrem regularmente, dentro e fora de casa, despertando sentimentos negativos. Lidando com os pequenos dissabores do dia a dia, preparamo-nos para lidarmos adequadamente com os grandes, e evitamos o efeito acumulativo dos pequenos mal-estares seguidos. Atenção, essas práticas requerem a autovigilância para tomar-se consciência dos próprios sentimentos e não ser reativo.

Exercite a autovigilância: estar presente, atento, assistindo sem julgar. (Ditado popular: *A eterna vigilância é o preço da liberdade.*) Caso goste, a prática da meditação pode ajudá-lo a desenvolver a capacidade de estar presente e atento.

Procure tomar consciência de seus sentimentos para que a vontade possa atuar melhor direcionando-os e evitando a perpetuação de sentimentos negativos. O problema não é sentir, mas ficar, isto é, não é sentir raiva, por exemplo, mas permanecer com raiva. A emoção é necessária e reflexa, a vontade não atua sobre ela, mas temos alguma escolha sobre a direção que daremos ao sentimento e sobre a sua perpetuação.

Não se esqueça do seu cão mau, vigie-o (estar sob o olhar = ter consciência); e alimente o seu cão bom. É tendo consciência dos defeitos que se pode tornar-se livre deles; isto é, não ser dominado por eles, embora eles não deixem de existir potencialmente.

Já, estimular as virtudes negando os defeitos apenas aumenta o poder deles, e eles podem aparecer no corpo ou em um rompante, ou em atos cuja intenção real é inconsciente.

Muitas vezes seguir o conselho bíblico *vigie e ore* é uma boa forma de não se deixar dominar pelo sentimento negativo e, voltando a atenção à totalidade (Deus como o conceba) por meio da oração, de abrir-se para outra perspectiva e reencontrar a paz.

Quando se sentir aprisionado em suas queixas e preocupações, experimente fazer algum movimento de gratidão ou recitar alguma oração que reconecte você com o todo. Torne isso um hábito, mesmo quando não precise, e você sentirá os efeitos.

Este é um bom momento para olhar para as características que lhe irritam ou agradam nos outros anotadas no início do seu caderno e pensar sobre o que você tem delas. Pode ser que você tenha características iguais a dos outros ou tenha-as potencialmente, ou ainda que você tenha o oposto. Por exemplo, você escrevera que pessoas muito sensíveis ou carinhosas irritam-no, e você percebe que é duro ou pouco afetuoso e que teme e nega a sua sensibilidade ou demonstrar carinho.

Se houver culpa: Ela é real ou imaginária? Independente disso, aproveite a experiência para refletir sobre que valor seu você pode ter contrariado, e aproveite para aprender com a experiência a fim de você não se repetir. Assumindo o seu erro, você poderá descobrir um valor ainda maior naquilo que fora contrariado; é possível que aquele valor fosse mais presente no seu discurso do que revelou ser na prática; mas, após errar e se arrepender, você passou a saber, pela experiência, que não deve violá-lo, tornando-se mais fiel a ele. Sinta-se transformado para melhor ao aprender com o seu erro. Perdoe-se, faça uma reparação e peça desculpas. Porém, peça desculpas apenas se você já tiver se perdoado. Como pedir a alguém algo que você não se concedeu? Repare o mal com um bem, trazendo a justiça. Reparar é como trazer para o centro do eixo: seu ato fez desviar para um lado, agora compense para o outro.

Quando se perceber tentando diminuir alguém, por exemplo, fazendo comentários maliciosos, apontando falhas etc., reflita se há inveja em você. Este é um sentimento difícil de admitir, entretanto, se o for, ele ensinará sobre você mesmo. Pergunte-se em que você se sente menor do que o outro para você precisar diminuí-lo. Pergunte-se se você precisaria, realmente, daquilo que inveja. Entre em contato com as suas frustrações e fracassos, os quais pensar ou ver o outro, por ventura, faz-lhe recordar a fim de poder resolvê-los, nem que seja abdicando do que gostaria; isso libera a sua energia para ser investida nas suas potencialidades e no que você pode.

### RESUMO DAS PRINCIPAIS IDEIAS

- Nós somos responsáveis por nossos sentimentos.
- Escutar os sentimentos para avaliarmos o que dizem sobre nós.
- O que dizem sobre como vemos o mundo.
- O que dizem faltar para sermos íntegros (inteiros).
- Sentimentos não são bons ou ruins, mas o direcionamento dado a eles pode ser.
- Sentimentos negativos são necessários à sobrevivência, assim como a dor.
- O problema não é sentir, mas permanecer com um sentimento negativo.
- No intuito de fazer o Bem, tendo consciência do sentimento negativo, pode-se fazer o contrário do que faria. → É como se fosse guiado pelo positivo.

- Pode-se evitar ser dominado por um sentimento negativo e ser reativo, mantendo-o na consciência e optando-se por não fazer o que faria, enquanto se é conduzido pelo Bem.
- Pode-se sair do interesse e das razões do ego e focar-se no Bem, a fim de melhor direcionar a energia do sentimento negativo.
- É preciso ser consciente do sentimento presente – admiti-lo e aceitá-lo – para se escolher o seu direcionamento e não ser reativo.
- A autovigilância liberta da reatividade.
- A repetição é necessária para o aprendizado.
- A virtude é finalmente conquistada quando é tão natural e espontânea, que a pessoa nem percebe que a realiza.
- Cultivar os sentimentos positivos, sem negar os negativos, é cultivar a saúde e a paz de espírito.

# 8

# Sentimentos, corpo e relação mente-corpo

Uma vez que os sentimentos são imagens da vivência consciente do que se passa no interior da pessoa, ou seja, das alterações no seu estado corporal e no seu estado de espírito (temas e modo de pensar), conforme salientado anteriormente, eles podem ser descritos pelas pessoas das formas mais diversas. Às vezes, foca-se mais no estado de espírito e são usadas denominações mais tradicionais (culpado, envergonhado, desanimado, irritado etc.); em outras, o foco é maior no estado corporal e o sentimento é descrito diretamente como uma imagem corporal. Por exemplo: sinto-me atado, de mãos atadas, encolhido, desconectado, curvado, fora do mapa, invisível, quebrado, dilacerado, abatido, lesado, agitado, desestruturado, radiante, sufocado, diminuído, *um mole*, ferido etc. As duas descrições também podem vir juntas; por exemplo, alguém diz sentir-se, em determinada relação, subserviente e curvando-se.

Algumas dessas denominações mais corporais podem ser interpretadas como formas de se referir a determinados sentimentos comuns; por exemplo, diminuído seria como humilhado, *um mole* seria como complacente, ferido como magoado, mas o indivíduo escolher determinada expressão e não outra tem o seu significado. Outras vezes, se insistir na pergunta, a pessoa acrescenta outro(s) sentimento(s) à resposta; por exemplo, acrescenta triste a abatido, acrescenta magoado e decepcionado a derrubado ou estraçalhado etc.

Se considerar como verdadeira a hipótese de Damásio de que os sentimentos são fundamentalmente imagens de mapas do estado corporal, e recordar-se que o sentimento é uma função relacionada à valorização e se apresenta nos relacionamentos, aquelas respostas devem ser escutadas e devidamente elaboradas, pois, como qualquer outro sentimento emocional (denominação usada por Damásio), os termos explicitamente descritivos de imagens de alterações corporais também definem uma vivência consciente do que ocorre interiormente no curso de uma emoção (DAMÁSIO, 2011).

Esses sentimentos descritos como imagens de alterações no corpo não devem ser confundidos com o que Damásio chamou de sentimentos corporais. Uma vez que eles decorrem de uma emoção e são apresentações "na consciência de nossos estados corporais modificados por emoções" (DAMÁSIO, 2011: 78), eles são sentimentos emocionais.

Aquelas denominações também podem parecer, à primeira vista, referirem-se a sensações e não a sentimentos; porém, já que, de acordo com Jung (2014), o sentimento é imagem dinâmica e subjetiva, enquanto a sensação é uma realidade estática, elas se aproximam mais dos sentimentos. Isto é, talvez não sejam exatamente sentimentos – no sentido de fenômenos exclusivamente mentais, uma vez que, além de mentais, eles são muito próximos do corpo –, mas certamente não é uma realidade estática material (sensação), supostamente, ficando a meio caminho dos dois; quiçá, nem na mente nem no corpo e, em certa medida, em ambos, num nível intermediário em que há a conexão entre o psíquico e o corpo. Este nível fora descrito por Walter Boechat (2004) e por ele denominado de corpo psicoide.

Igualmente aos sentimentos clássicos (neles predominam as descrições dos estados de espírito), os sentimentos diretamente descritos como imagens de alterações corporais, uma vez conscientizados, assumida a responsabilidade por eles e escutados, podem ajudar no processo de autoconhecimento e transformação íntima (isto é, no processo de individuação) à serviço da espiritualidade. Se a pessoa for estimulada a falar mais a respeito e direcionada para a compreensão e elaboração de seu sentimento, ela mesma poderá descobrir o significado dele e o que lhe falta para transformar-se para melhor, como ocorre com as denominações clássicas.

Uma imagem, inclusive a referente a um sentimento, quando adequadamente compreendida (JUNG, OC, vol. 7/2, § 253), isto é, vivenciada com a participação ativa da consciência, pode ser integrada à consciência, rompendo com alguma unilateralidade. Compreender é ir além da informação (crer com a razão), é vivenciar para "crer com as entranhas", como apregoado por Nietzsche; é a compreensão pela experiência e não a compreensão apenas intelectual, conforme frisado por Jung (OC, vol. 7/1, § 189).

Para facilitar a compreensão, em terapia, os sentimentos descritos como imagens podem ser trabalhados junto ao terapeuta do mesmo jeito que outras imagens. Pode-se, por exemplo, utilizar de técnicas expressivas não verbais (desenho, colagem, caixa de areia etc.), as quais favoreçam a assimilação da imagem modificada com a resultante transformação da pessoa. Essas técnicas expressivas permitem com que a imagem usada para descrever o sentimento seja objetivada a fim de facilitar a reflexão, o diálogo na consciência e a compreensão da pessoa sobre o que sente. Há uma objetivação da imagem por posição e não por natureza, isto é, por meio das técnicas expressivas não verbais (desenho, colagem, caixa de areia etc.), cria-se um objeto representando a imagem para a reflexão e esse objeto distingue-se do indivíduo pelo distanciamento, mas não por sua natureza, continuando a ser da natureza constituinte da pessoa (continua a ser produto da mente dela) podendo a ela retornar modificado.

Além de servirem para se trabalhar as imagens corporais, as técnicas expressivas não verbais também permitem que o indivíduo descubra sentimentos negados e expresse os conscientes para posterior elaboração de ambos e assimilação deles transformados. (P. ex.: quando um indivíduo monta uma cena na caixa de areia usando peças em miniatura ou faz uma colagem ou um desenho, um sentimento antes negado, um ressentimento, uma mágoa etc., podem se tornar aparentes.)

Às vezes, apenas falar de seus sentimentos livremente, sem emitir julgamentos e escutando-se é suficiente para se criar o distanciamento necessário para a auto-observação, o diálogo, a elaboração e a transformação.

Outra técnica que o terapeuta pode utilizar para trabalhar alguns sentimentos é a imaginação ativa (que permite a conscientização e integração de conteúdos antes inconscientes), do mesmo jeito com que ele trabalha com imagens outras como as dos sonhos. Não é parte do interesse deste livro aprofundar-se nessas técnicas. A citação delas visa apontar o alcance e as potencialidades da escuta atenta dos sentimentos, os quais falam do indivíduo na sua totalidade refletindo aspectos que se dão no corpo e na mente.

Não é apenas a partir das descrições que se pode visualizar haver uma associação entre sentimento e corpo, há outras evidências.

O sentimento pode se revelar no corpo. Um observador é capaz de deduzir o sentimento de alguém pelos gestos e postura corporal, pelo tom da voz, ritmo respiratório e outros sinais corporais. Por exemplo, alguém com o queixo apontado para cima e peito estufado, provavelmente, apresenta orgulho, apesar de poder não estar percebendo, naquele instante, o seu orgulho. Há uma série de estudos correlacionando diferentes sentimentos com configurações corporais específicas. Um meio de se tomar consciência de sentimentos negados é ver a própria imagem e analisar a postura, a face, o olhar [...] num espelho, numa fotografia ou numa filmagem. Mas há que se ter humildade e coragem para isso. Aliás, humildade, coragem e honestidade são pré-requisitos para se admitir e aceitar os próprios sentimentos e transformar-se a partir deles.

A simples atitude de um indivíduo de, num dado instante, voltar a sua atenção para os próprios gestos, expressão facial e postura, tornando-os conscientes, pode ajudá-lo a perceber o sentimento presente que estava inconsciente.

É interessante percebermos que, pelos sinais corporais, a grande maioria de nós pode reparar, inconscientemente, o sentimento do outro e por ele ser influenciado a ponto de reagir a ele. Reagir e não agir, pois agir seria fazer uma escolha consciente e independente do outro e este não é o caso. Para evitar-se ficar reativo ao outro, é válida a orientação dos grupos anônimos de se manter autovigilante e praticar o desligamento emocional, distinguindo o que é a emoção e o sentimento do outro, dos próprios. A execução do desligamento emocional é facilitada pela tomada de consciência dos sinais corporais alheios e do que se passa na própria pessoa.

No corpo dá-se a emoção e, na mente, o sentimento, porém o sentimento também se expressa no corpo, inclusive quando inconsciente.

Para esclarecer, o sentimento é definido como uma vivência consciente das ocorrências, porquanto seja uma função da consciência, um modo dela atuar e da energia psíquica se manifestar (o conteúdo); entretanto, o sentimento pode, num dado momento, estar inconsciente. Ou seja, o indivíduo pode não estar utilizando da função sentimento para se orientar e o seu conteúdo (o resultado do exercício da função) – o sentimento – não estar em relação com o eu, isto é, estar inconsciente.

Jung descreveu a consciência e o inconsciente como não tendo uma demarcação precisa, uma começando onde o outro termina, e salienta que "a consciência é relativa, porque seus conteúdos são ao mesmo tempo conscientes e inconscientes; isto é, conscientes sob um determinado aspecto e, inconsciente sob um outro aspecto" (JUNG, OC, vol. 8/2, § 397).

A definição dos sentimentos como mapas mentais de imagens corporais, a descrição de alguns sentimentos explicitamente como imagens de alterações no corpo e a expressão de sentimentos no corpo estimulam os estudiosos dos sentimentos a pensarem a respeito da relação mente-corpo, a começar por, de certa forma, romperem com a separação entre ambos. O sentimento está na mente e está no corpo, simultaneamente.

Investigando a respeito dos sentimentos, Damásio observou que

> [...] a suspensão do mapeamento do corpo acarreta a suspensão da mente. De certo modo, retirar a presença do corpo é como retirar o chão em que a mente caminha. A interrupção radical do fluxo das representações do corpo que suportam os nossos sentimentos acarreta uma interrupção radical dos pensamentos que formamos sobre objetos e situações e, inevitavelmente também, a interrupção radical da continuidade daquilo que percebemos como nossa existência (DAMÁSIO, 2004: 203).

E a análise de casos de assomatognosia (perda da capacidade de reconhecer as partes do corpo) demonstrou-lhe que "desde que haja alguma representação corporal, a mente não perde todos os seus alicerces e pode por isso continuar" e as representações que dizem respeito ao interior do organismo – vísceras e meio interno – "são valiosos alicerces da mente" (DAMÁSIO, 2004: 204).

Seus estudos levaram Damásio a concluir que corpo, mente e cérebro são inseparáveis. O corpo é relevante para a construção da mente.

> Para chegar a uma solução (do problema mente-corpo) [...] é necessário compreender que a

mente emerge num cérebro situado dentro de um corpo-propriamente-dito, com o qual interage; que a mente tem os seus alicerces no corpo-propriamente-dito; que a mente ajuda a manter o corpo-propriamente-dito; que a mente emerge em tecidos biológicos – em células nervosas – que partilham das mesmas características que definem outros tecidos vivos no corpo-propriamente-dito (DAMÁSIO, 2004: 201).

A mente emerge do corpo e ajuda a mantê-lo e, pelos seus estudos, sem corpo não há mente.

Segundo Damásio, "o fato de que a mente depende estreitamente da atividade cerebral já não está de forma alguma em disputa" (DAMÁSIO, 2004: 200). Ele defende a tese de que "os fenômenos mentais são equivalentes a certos tipos de fenômenos cerebrais", pois eles correspondem a certos estados de circuitos cerebrais. Ou seja, alguns padrões neurais são simultaneamente imagens mentais. A atividade mental seria causada pelos fenômenos cerebrais que a antecedem (DAMÁSIO, 2011: 30).

O surgimento da mente consciente seria uma consequência da evolução das espécies em que a sobrevivência do organismo, o valor biológico, passou a abranger a busca deliberada pelo bem-estar. A consciência teria surgido para que o valor biológico fosse administrado mais eficientemente (DAMÁSIO, 2011: 42).

A sugestão de Damásio de que a mente e o estado neural seriam equivalentes tem a vantagem, como ele observou, de responder à questão da causalidade descendente, dos estados mentais influenciando o comportamento. A mente pode influenciar no sistema nervoso, o qual possibilita a ação, quando se consideram os estados mentais e os estados neurais como as duas faces do mesmo processo (DAMÁSIO, 2011: 383).

Muito possivelmente, a influência entre mente e cérebro/corpo pode ocorrer nos dois sentidos (do cérebro para a mente e da mente para o cérebro). Se o aprendizado implica mudanças no cérebro, este é influenciado pela intenção e vontade (mente) e pela ação (corpo). Os processos mentais também interfeririam no cérebro modificando-o.

As conclusões de Damásio (2011) de que a mente seria posterior aos fenômenos cerebrais, apesar de ela ser equivalente ao estado neural, e de que a mente emerge do corpo, cuja existência é necessária para que a mente exista, não devem ser entendidas como comprovações da veracidade de uma visão mais materialista da vida descartando outras.

Há outra(s) perspectiva(s) a ser(em) considerada(s), a despeito de costumeiramente serem refutadas pelo pensamento científico. Habitualmente, parte-se de algumas premissas vinculadas ao paradigma vigente preponderante que interferem determinantemente no que vemos e deduzimos, portanto concluir que a mente é propriedade do corpo não deve ser entendido como significando uma prova do materialismo, que, na realidade, pode ser o paradigma em que a investigação da relação entre mente e corpo amiúde se assenta.

Ao afirmar-se que as premissas influenciam na conclusão, admite-se que as conclusões deste livro tenderão a ser contaminadas por certas premissas, as quais permeiam todo o raciocínio aqui desenvolvido, principalmente, a de que o universo é regido por leis (que podem até incluir o acaso e a aleatoriedade).

Em sua obra, Jung (OC, vol. 8/2) ressalta o papel do espírito da época (com o seu paradigma preponderante) na ciência e na psicologia. Em *A natureza da psique* (OC, vol. 8/2), Jung aborda a mudança de paradigma dos séculos anteriores ao XIX para um mais materialista e a sua repercussão psicológica. Na sua concepção, "não há especulação racional capaz de provar ou negar tanto o espírito quanto a matéria. Estes dois conceitos [...] nada mais são do que símbolos usados para expressar fatores desconhecidos, cuja existência é postulada ou negada ao sabor dos temperamentos individuais ou da onda do espírito da época" (JUNG, OC, vol. 8/2, § 650).

Segundo Jung, "o fato da metafísica do espírito ter sido suplantada no curso do século XIX por uma metafísica da matéria é, intelectualmente falando, uma mera prestidigitação; mas, do ponto de vista psicológico, é uma revolução inaudita da visão de mundo" (JUNG, OC, vol. 8/2, § 651). Mesmo assim, Jung não deixa de considerar que existam diversos paradigmas e critica a postura inerente ao espírito de cada época. "O espírito da época [...] possui a desagradável qualidade de querer que o considerem o critério supremo de toda a verdade e tem a pretensão de ser o detentor único da racionalidade" (JUNG, OC, vol. 8/2, § 652).

Tais observações não significam que Jung desconsiderava o valor da ciência, mas que admitia as suas limitações, sem tirar-lhe o valor. Numa carta de 1937, Jung (2002: 238) escrevera:

> A ciência não tem resposta para perguntas que ultrapassam a possibilidade humana. Não temos provas da existência objetiva da psique indepen-

dente do cérebro vivo [...]. Podemos fazer todo tipo de suposições sobre esse estado puramente hipotético, mas a resposta será sempre e necessariamente mera suposição. Talvez isso satisfaça a necessidade humana de acreditar, mas não o desejo de saber.

Como a Verdade é desconhecida e o cientista deve ser um cético, alguém que duvida e, assim, questiona, e não alguém fechado nas suas certezas não podendo avançar com o conhecimento, é prudente lembrar a influência do paradigma usado nas conclusões, e que ele não deve ser julgado como o paradigma definitivo. A interrogação e a abertura a outros paradigmas são partes do avanço no entendimento da vida.

Desse modo, vale a pena registrar que, sob a perspectiva dos espiritualistas (que veem no espírito o princípio da vida), ainda que a mente fosse uma propriedade emergente do cérebro, ou o cérebro seria meio de expressão e não a causa da mente, a qual o antecederia – apesar de precisar haver um corpo para a mente se manifestar – ou a mente surgiria com a formação do corpo como uma propriedade emergente do corpo, haveria, porém, algo anterior à mente e ao corpo determinando como são. De qualquer forma, segundo os espiritualistas, é preciso haver um substrato físico, material – o corpo – para que o espírito (ou seja o que for) se manifeste e possa evoluir. Para eles, o espírito precisa estar encarnado e estar na vida de relação para a sua evolução, mas a sua existência é anterior a do corpo e a mente e os influencia decisivamente.

Para Jung, segundo Hillman (2010: 109), "uma função precede o seu órgão", o que significa que "desenvolvemos uma estrutura característica mediante a realização habitual de alguma coisa"; tal concepção dá margens a se pensar que a mente possa anteceder à estrutura cerebral.

O presente livro não pretende defender uma ou outra perspectiva, mas estudar o sentimento a partir do pensamento de Jung e de pesquisas da Neurociência, tomando Damásio como referência. Baseando-se em Jung, sugeriu-se haver um elemento anterior à emoção e ao sentimento, que seria a visão de mundo individual, a qual influencia, determinantemente, no desencadeamento de certa emoção (certa resposta corporal a um estímulo-emocionalmente-competente) e não de outra emoção, conforme exemplificado no cap. 4: "Sentimento, comportamento (escolhas) e visão de mundo". Assim, pode-se supor que a resposta corporal (emoção) e a sua vivência consciente (sentimento) estão subjugadas a um terceiro fator, a visão de mundo, que está em constante processo de transformação ao longo da vida e é individual, embora a visão de mundo possa ser influenciada pelo meio, por sua época, pelas culturas familiar e local.

É certo que muitas reações emocionais a determinados estímulos competentes são naturais em determinada espécie, tendo relação com instintos básicos relacionados à sobrevivência e reprodução, não apresentando uma variação individual quanto à causa (o estímulo), mas também se sabe que muitas reações emocionais a certos estímulos são aprendidas e modificáveis.

Conforme apresentado em capítulos anteriores, a mudança na visão de mundo atua na das emoções, e a ampliação da visão de mundo pode advir da escuta dos sentimentos com o aprendizado decorrente. Na passagem de uma visão estreita pra uma ampla, sai-se de uma visão de mundo unilateral e em que se está em oposição ao outro competindo pela sobrevivência para uma em que a sobrevivência de si inclui a do outro. Isto faz pensar haver uma relação inversamente proporcional entre ser dominado pelos instintos de sobrevivência e de reprodução e o desenvolvimento dos sentimentos, particularmente dos positivos e dos sociais, constituindo numa saída de uma natureza mais animal para uma mais humanista. Pois, um indivíduo dominado por aqueles instintos pode não enxergar mais amplamente, nem ao outro nem ao próprio futuro. Não é à toa que Damásio (2004) constatara que a maioria das emoções sociais é recente na evolução das espécies e muitas delas são exclusivamente humanas.

Em sua obra (OC, vol. 8/2, cap. VIII-D), Jung contrapõe *vontade* a *instinto*. Jung observa que quanto mais a consciência de alguém depender da esfera dos instintos, menor a possibilidade de ação da vontade (OC, vol. 8/2, § 399). O exercício da vontade e a sua educação ajudam a expandir o campo de ação da vontade e da consciência. "A consciência propicia um trabalho bem ordenado de adaptação, isto é, põe freio aos instintos e, por isso, é indispensável. Só quando o homem possui a capacidade de ser consciente é que se torna verdadeiramente homem" (JUNG, OC, vol. 8/2, § 412).

A *vontade*, significando energia à disposição da consciência, quando em relação com valores transcendentes (como no exercício da *boa vontade* – princípio espiritual de A.A. e N.A.) favorece a pessoa a não se deixar ser guiada exclusivamente por instintos de conservação e reprodução, e a desenvolver sentimentos positivos e nobres, enquanto escapa de uma unilateralidade. Isto porque, pela ação da vontade educada, impede-se que se coloque o instinto a serviço de outros interesses pessoais, ou que ele seja negado a ponto de levar à perda do contato com os instintos, o que seria adoecedor ("Os instintos passando por um processo de psiquificação que pode levar ao desvio de sua função biológica para outros fins" (JUNG, OC, vol. 8/2, § 239)). A razão bem direcionada pela vontade – como ocorre quando o indivíduo coloca-se em relação a valores transcendentes e à totalidade – auxilia a evitar o predomínio de instintos associados a uma natureza mais egoísta e de utilizá-los para interesses pessoais. (P. ex.: sexo à revelia alegando instinto de reprodução; acumular, cobiçar etc., alegando sobrevivência; perda de contato com a fome por um ideal de beleza etc.)

Quanto à visão de mundo, também não cabe a este livro investigar se ela começa a ser definida durante a gestação e nos primeiros anos de vida a partir do desenvolvimento da matéria corporal (cérebro incluído), por orientação primariamente genética e com influência ambiental – como sugerem os materialistas –, ou se há algo que antecede e possui a visão de mundo e, encarnando, vai determinar como será esse corpo capaz de expressá-la, a forma do corpo e os padrões de relações entre os constituintes corporais – opinião dos espiritualistas –, ou ainda uma conjugação dos dois enfoques, pelo qual a visão de mundo pertenceria a algo anterior ao corpo determinando como ele será, mas o corpo e a psique também sofreriam as influências do que estivesse ocorrendo durante a vida intrauterina interferindo na visão de mundo.

Numa perspectiva junguiana, o que interessa não é defender um ou outro ponto de vista, mas ir além da separação entre o corpo e a mente, uma vez que Jung rompeu com essa dicotomia quando desenvolveu a teoria dos complexos afetivos psicofísicos inconscientes e, referindo-se à relação entre psique (esta abrange todos os processos psicológicos conscientes e inconscientes) e corpo, Jung afirmara que:

> [...] como a psique e a matéria estão encerradas em um só e mesmo mundo, e, além disso, se acham permanentemente em contato entre si, e em última análise se assentam em fatores transcendentes e irrepresentáveis, há não só a possibilidade, mas até mesmo uma certa probabilidade de que a matéria e a psique sejam dois aspectos diferentes de uma só e mesma coisa. Os fenômenos da sincronicidade, ao que me parecem, apontam nesta direção, porque nos mostram que o não psíquico pode se comportar como o psíquico, e vice-versa, sem a presença de um nexo causal entre eles (JUNG, OC, vol. 8/2, § 418).

Jung parecia estar em sintonia com a Teoria de Einstein que define energia e matéria como intercambiáveis numa relação de equivalência (na fórmula $E = mc^2$): a matéria como energia condensada e a energia como matéria em estado de expansão. ("Como disse um místico, se a matéria é espírito denso, o espírito é matéria sutil") (LUCCHESI, 2000: 16).

Por hora, vale recordar da afirmação de Jung de que "a natureza da psique mergulha em obscuridades, para além de nossas categorias intelectuais" (JUNG, OC, vol. 8/2, § 815); apesar dos avanços, a sua observação parece continuar válida.

Dando continuidade ao estudo de Jung, Boechat (2011) ressalta que a personalidade individual inicia o seu desenvolvimento ainda intraútero, na embriogênese; enquanto os primeiros tecidos se formam, simultaneamente, vão surgindo complexos psicológicos a partir das vivências e fantasias dos pais e circundantes, assim, desde o princípio o corpo físico e o psiquismo estão imbricados.

O homeopata, cuja anamnese dá muita atenção às descrições sensoriais e imagéticas feitas pelo indivíduo e às relações temporais entre as suas queixas e considera os fatores emocionais como causa de transtornos mentais e físicos, observa que as doenças costumam se desenvolver na seguinte progressão: alterações sensoriais – funcionais – lesionais (leve, moderada, grave) – incurável (perda da função e morte tecidual). Enquanto a medicina ocidental convencional tende a desvalorizar as alterações sensoriais, as imagens e as queixas que não são observáveis por exame clínico ou complementar.

Frequentemente, os homeopatas observam que as sensações e sentimentos descritos como imagens corporais e os sentimentos mencionados pelos indivíduos correspondem significativamente a alterações físicas presentes na pessoa ou que logo se desenvolvem. Por exemplo, um indivíduo que sente estar subserviente e se curvando numa relação, começa a desenvolver uma hipercifose dorsal; um outro, que sente que vai *enchendo o saco até explodir* é diagnosticado como tendo um aneurisma de aorta (o qual fora operado antes de explodir); um que referia, nas suas relações, sentir *as mãos atadas* apresenta uma artrose nas extremidades superiores; outro que tinha a sensação de *sair do mapa* quando profundamente magoado faz um quadro de amnésia global transitória. Os exemplos são muitos e a escuta atenta permite relacionar-se as sensações, os sentimentos e as imagens descritas aos sintomas físicos apresentados. Assim, vê-se psique e corpo numa relação de sincronicidade, a qual se dá pelo significado.

É possível que as alterações corporais apresentadas nos casos acima citados (hipercifose dorsal, aneurisma etc.) tenham se formado conjuntamente ou, mais provavelmente, depois da ocorrência sistemática dos sentimentos emocionais descritos como imagens de alterações corporais, os quais se situariam em um nível intermediário ao corpo e ao psíquico, em que ambos interagem e estão em transição: o *corpo psicoide* (BOECHAT, 2004).

Que mente e corpo são conectados e não separados, ficará evidente para Jung (OC, vol. 8/2) por meio do teste de associação de palavras. Usando da experimentação e respeitando o modelo da ciência tradicional, com a aplicação do teste de associação de palavras, Jung pôde detectar variações no estado corporal do indivíduo testado, quando palavras emocionalmente significativas, mesmo que inconscientemente significativas, eram pronunciadas pelo experimentador; desse modo, revelando a existência de fenômenos "mente-corpo" ou psicofísicos e de complexos afetivos inconscientes atuantes (complexos afetivos são agrupamentos de ideias ou representações ligados por uma emoção). Por medições, Jung evidenciou haver um inconsciente e que este é acessível pelos complexos. A sua experiência, por usar medidores de variações corporais (galvanômetro, pneumógrafo e amperímetro) na detecção dos complexos, revelou ainda mais: que o inconsciente está presente no corpo e nele se manifesta. Portanto, por experimentação, Jung constatou que os complexos afetivos são psicofísicos e rompeu a barreira teórica entre o físico e o psíquico.

A experiência da homeopatia, a qual pensa o indivíduo como uma unidade, também revela a presença de um inconsciente que não só está no corpo como parece estar numa relação compensatória com o consciente, no corpo. Muitos dos sintomas físicos com suas respectivas modalidades (fatores desencadeantes, agravantes e de melhora) parecem ser opostos complementares da atitude consciente resultantes da atividade autorregulatória da *psiquecorpo*. (A expressão *psiquecorpo* é usada no lugar de psique para salientar que, embora a autorregulação seja definida como uma atividade da psique, o corpo está incluído nesse processo.) Seguindo o raciocínio junguiano, antes da alteração se manifestar no corpo, é possível que ela se construa no *corpo psicoide* (BOECHAT, 2004) que é intermediário à psique e ao corpo.

Para ilustrar a compensação, são apresentados sucintamente dois casos de clientes com queixa de tonteira. Uma dizia que se sentia desequilibrada (sentimento) e apresentava uma tonteira como uma sensação de desequilíbrio que piorava quando fechava os olhos e melhorava olhando para longe (modalidades do sintoma); a outra tinha a sensação de *estar fora de si*, que melhorava fechando os olhos e se concentrada numa atividade. Esta última cliente vivia em constante estado de alerta (atenção dispersa, olhos bem abertos) e abdicava de suas responsabilidades para ficar em função do filho alcoólatra. A sua tonteira a forçava a sair da dispersão, a concentrar-se e a fechar os olhos para voltar-se (olhar) para si, assim fazendo, a tonteira descrita como sensação de *fora de si* passava. Já a primeira cliente estava vivendo sozinha, hedonisticamente e sem trabalhar, "como se não houvesse amanhã", suas queixas revelavam o desequilíbrio na forma como vivia e a compensação necessária, pois melhorava olhando para longe, para o futuro e para o outro, e piorava fechando-se em si mesma.

Portanto, a ocorrência de aspectos compensatórios à consciência no corpo também revela que corpo e psique compõem uma unidade, que o inconsciente está presente no corpo e que a autorregulação psíquica inclui o corpo.

A psique está no corpo ou, deveríamos dizer a psique também é corpo e corpo é psique, pois a dicotomia é ilusória. Se essa hipótese estiver correta (repetindo a citação de Jung (OC, vol. 8/2, § 418): "Há não só a possibilidade, mas até mesmo uma certa probabilidade, de que a matéria e a psique sejam dois aspectos diferentes de uma só e mesma coisa"). O processo de individuação, ou seja, o progressivo tornar-se a *Si-mesmo*, não separa o psíquico do corpo, e todo o ser participa e é expressão desse processo.

O *Si-mesmo* é o arquétipo da totalidade do ser e seu centro. Como totalidade, o *Si-mesmo* abarca corpo e mente e, numa visão complexa – por pensamentos sistêmico e holográfico –, um contém o outro. Corpo e mente não são sítios separados, o que se processa em um está repercutindo simultaneamente no outro em ocorrências que não se explicam por uma relação de causa e efeito direta, mas por uma influência mútua do tipo de não localidade que pode ser entendida por sincronicidade. Sincronicidade é uma conexão acausal, mas significativa entre um evento externo e um psíquico, ou seja, nela, a relação entre os eventos não é linear e de causa e efeito, mas dá-se simultaneamente e pelo significado.

Se o *Si-mesmo* é o arquétipo da totalidade, como totalidade, ele inclui o corpo. Portanto, o corpo faz parte da totalidade e participa do processo de individuação. Viu-se que no corpo estão e se expressam o consciente e o inconsciente; nele também apresentam-se complexos e manifestam-se símbolos e imagens oriundas do *Si-mesmo*; estes aparecem nos gestos, posturas e movimentos do corpo, nas sensações, nos sentimentos e nas alterações corporais, como nas doenças. Haveria, ainda, um *corpo psicoide* que integra matéria e psique (BOECHAT, 2004). Este *corpo psicoide* seria intermediário à matéria e à psique, contendo ambas; ele estaria entre a matéria (energia condensada) e a energia (como matéria em estado de expansão) e, talvez, seja onde se dão os sentimentos descritos como imagens corporais.

Estando num suposto *corpo psicoide*, que inclui mente e corpo, ou não, os sentimentos em geral são fenômenos mentais de base corporal. Uma vez que os sentimentos são imagens (mental) de mapas do estado corporal (corpo) que se realizam por meio do cérebro (corpo), eles podem ser trabalhados como é feito, em análise, com outras imagens e, dessa forma, repercutir no corpo, o qual está incluído no processo de individuação. Processo este que, na visão do analista junguiano, é o sentido maior da vida e responde à dimensão espiritual do ser humano. Desse modo o estudo dos sentimentos, além de trazer elementos para se pensar a relação mente-corpo, demonstra-nos que o corpo não é antagônico à espiritualidade, ao contrário, *no corpo é que ela se realiza*.

Curiosamente na linguagem cotidiana, referimo-nos ao conhecimento vivido e vívido, isto é, não apenas falado, como tendo sido incorporado. Parece que, popularmente, há algum entendimento de que a ampliação da consciência é uma experiência psíquica e corporal, sem separação.

Na vida, provavelmente, não há a separação: "Os dois polos da alma, o fisiológico e o espiritual, estão ligados um ao outro indissoluvelmente" (JUNG, OC, vol. 10/2, § 185). Corroborando essa ideia, Damásio (2004: 299), estudando a biologia dos sentimentos, foi levado a supor que "a sublimidade do espiritual está incorporada à sublimidade da biologia".

Algumas observações da neurociência tais como a de que...

> [...] a alegria e suas variantes levam a maior perfeição funcional [...] e contribui para a saúde, enquanto o pesar e os afetos que com ele se relacionam devem ser evitados por serem insalubres [...]. Os comportamentos de cooperação humana ativam sistemas cerebrais de prazer e recompensa. A violação de comportamentos éticos causa sentimentos de culpa, vergonha ou pesar que são variantes da insalubre tristeza [...] (DAMÁSIO, 2004: 298).

...indicam que a saúde corporal é alinhada aos bons sentimentos (os quais preponderam numa visão de mundo ampliada) e, assim sendo, a um estado em que o ego está voltado para o *Si-mesmo*, logo, à condição na qual o sentido da vida conduz a uma crescente ampliação da consciência, caminhando para o tornar-se a *Si-mesmo* (processo de individuação); parece haver um paralelo entre a espiritualidade e a saúde.

Independente de alguém pensar diretamente na espiritualidade, o desejo da conquista de um bem-estar pode levar o indivíduo a colocar-se a serviço dela. Isto porque a progressiva ampliação da visão de mundo decorrente de se viver (fazer escolhas) em função de valores transcendentes é acompanhada de sentimentos positivos ("a virtude é em si a sua própria recompensa" (DAMÁSIO, 2004: 163)), os quais contêm variedades de prazer e ausência de dor e, biologicamente, isso corresponde a um estado de saúde em que há maior fluidez no funcionamento orgânico e bem-estar. Portanto, almejar a saúde e o bem-estar vindo de dentro é propor-se a continuamente guiar-se por uma fidelidade a si mesmo. (O inverso também é provável: o cuidado espiritual implica melhora da saúde.)

Já a visão de mundo unilateral aumenta as chances de ocorrerem emoções negativas, denotando uma dificuldade no funcionamento do organismo, e gerando sentimentos negativos contendo variedades de dor. Assim, se o indivíduo quiser sentir-se melhor, ele precisará sair da unilateralidade. Entretanto, como muito frequentemente, projetamos e responsabilizamos os outros por nossos sentimentos e esperamos que as circunstâncias ou os outros mudem; a tendência é o acirramento do conflito e a manutenção do distanciamento do bem-estar e da saúde. Enquanto não olharmos para nós mesmos e transformarmo-nos. Como afirma Jung (OC, vol. 7/2, § 258):"Só aquilo que somos tem o poder de curar-nos".

O estudo da emoção e dos sentimentos mostra-nos que o processo de individuação – ou seja, a progressiva ampliação da consciência e sentido último da vida (dimensão espiritual) – realiza-se no corpo e na mente e ainda levanta as hipóteses de que corpo e espírito são integrados e de que a provável ligação indissolúvel (enquanto há vida) entre eles favorece o desenvolvimento espiritual bem como a saúde, já que o ser humano tende a buscar pelo bem-estar.

### ☞ DA TEORIA À PRÁTICA – SUGESTÕES

Experimente, de vez em quando, dirigir a sua atenção ao seu estado corporal, ao seu tom de voz, à respiração, ao gesto e à postura e mude-os voluntariamente, se puder e sentir necessidade. Por exemplo, voltando a atenção para mim, percebo que estou curvada, olhando para baixo e com pensamentos tristes, ou de baixa autoestima ou pessimistas. Voluntariamente, ajeito a postura e direciono o olhar para a frente e mudo o curso de meus pensamentos. Em outra situação, percebo que estou com a respiração presa e curta e dou conta da minha apreensão, então, voluntariamente, solto a respiração.

Se teme como você seria sem ser dominado por determinado sentimento, como se identificado com ele a ponto de vê-lo como uma característica sua (p. ex.: sou tímido, sou vaidoso, sou orgulhoso, sou melancólico etc.), ou não quer abrir mão dele, experimente vivenciar, sentir como você seria sem ser dominado por ele, começando por assumir a postura, a expressão facial, o gestual, a voz e a respiração de como você se imaginaria. Você pode fazer isso mentalmente, imaginando como você seria e visualizando-se. Às vezes, o praticante descobre que teme ser o oposto do que é habitualmente. Por exemplo, é dócil por temer o que faria admitindo a sua raiva ou é arrogante por temer ser submisso. Com o exercício, ele pode tomar consciência dos opostos que vivem nele, um caminho para libertar-se do domínio das polaridades e chegar-se à atitude corporal equilibrada.

Observe o estado corporal de seu interlocutor e veja se você não está num estado reativo a ele. Tomando consciência, você pode escolher sair da reatividade.

Se você tiver alguma filmagem sua, na qual você não estava preocupado com a filmagem, isto é, em que você estava agindo naturalmente, assista a ela e observe-se. Preste atenção a quais sentimentos a sua postura, o seu olhar, a voz e os gestos comunicam. Às vezes, percebemos em nós um sentimento que não tínhamos consciência. O mesmo pode ser feito usando-se fotografias.

O corpo muitas vezes revela nossos sentimentos, aproveite para tomar consciência deles. Em vez de brigar com eles, admita-os e aceite-os para transformar-se a partir deles, se você quiser. Exemplo: Você acha que perdoou alguém e, quando chega perto da pessoa, você sente o seu corpo alterar-se, a mão suar, a respiração ficar ofegante, o coração acelerar etc. A emoção liberada torna visível que você ainda não perdoou completamente, pois ainda não está livre. (A função do perdão é também nos libertar. Já basta a ferida causada no ato, não precisa continuar nos atingindo e fazendo-nos mal, nem restringir nossos passos.)

Folheando o seu diário e ao comentar certo episódio de sua vida, esteja atento às terminologias que você usa para descrever os seus sentimentos e busque a significação e a causa deles nas suas atitudes e visão de mudo; em como você lida e vivencia as circunstâncias e não nas circunstâncias em si mesmas. Pode ser que um sentimento se repita, frequentemente, por estar associado a um complexo seu, remontando a sua origem ao passado, mas ainda sendo revivido em diversas situações, as quais são desencadeadoras, mas não a causa do sentimento. De qualquer forma, não espere que o bem-estar venha de uma mudança externa. Busque-o em você mesmo. Lembre-se que a persistência do sentimento negativo e o mal-estar relacionam-se a uma dificuldade na manutenção orgânica na faixa homeostática adequada, portanto, cuidar da saúde inclui não nutrir os sentimentos negativos. (Os exercícios de mentalização e desapego dos capítulos anteriores são boas opções.)

Os termos usados para descrever os seus sentimentos podem ser transformados em imagens na forma de colagem, desenho, argila, massinha, pintura etc. Depois, você pode trabalhar com o material produzido, gradativamente transformando a imagem em outras, enquanto observa as suas novas impressões e como você é mobilizado pelas imagens que surgem. Isso auxilia na compreensão de seu estado interno e tem um efeito transformador.

Se você quiser pode expressar seu sentimento pela dança, deixando-se envolver por ela. A seguir, enquanto dança, dirija a sua atenção ao seu corpo e movimento, inclusive à sua respiração, assim, entre em contato conscientemente com seu sentimento, mesmo que não consiga denominá-lo. Depois, atento ao seu corpo (não se esqueça da respiração), vá transformando o que você expressa pelo movimento até sentir-se bem.

Se você seguiu a sugestão do cap. 3: "Emoção e sentimento" de colar no caderno ou agenda a foto de uma imagem que representasse seu sentimento ou fizesse um desenho, você pode experimentar, daqui em diante, dialogar com elas e anotar as impressões que lhe causam. Muitas vezes, é vendo com o distanciamento permitido pela exteriorização de uma imagem que a gente consegue denominar ou descobrir em nós um sentimento que não percebera antes. Mas, não se exija denominar (talvez baste saber se é agradável ou não), o diálogo com a imagem por si só pode permitir a elaboração e compreensão necessárias e a transformação.

Se você descreve os seus sentimentos como imagens tais como amarrado, pisado, comprimido, massacrado etc., você pode trabalhá-los manualmente. Por exemplo, se você sente-se amarrado, pegue um barbante e dê alguns nós, leve-o consigo e quando sentir-se amarrado, desate os nós. O primeiro benefício é que você vai perceber quais são as situações que deflagram esse sentimento, a memória sentimental relacionada a elas e o valor associado, isso será importante para entrar em contato com os seus complexos e transmutar aquele valor, transformando a sua visão de mundo e a si mesmo. Enquanto você desatar os nós, volte a sua atenção para o seu ato, isso o ajudará a desapegar das justificativas do eu e do estímulo e a se libertar do mal-estar. Se você sente-se comprimido, pode comprimir uma esponja e, lentamente, descomprimi-la. Se sente-se massacrado, você pode amassar bem uma folha de papel e depois esticá-la. Use a imagem que lhe vier à mente em associação com o seu sentimento para trabalhá-la. Se gostar, pode usar materiais como argila ou massinha, ou o que você quiser.

Mesmo quem não descreve o sentimento como uma imagem, pode associá-la a uma imagem mental. Sente-se, feche os olhos e respire lenta e profundamente algumas poucas vezes: expire longamente (tempo expiratório maior do que o inspiratório) pela boca e inspire pelo nariz. Imagine a cena em que certa emoção fora deflagrada ou entre em contato com o sentimento que lhe perturba, no momento, ou com o seu estado corporal interno, até surgir uma imagem. Às vezes, ao se voltar para si, alguma parte do corpo pode puxar a sua atenção e já trazer consigo uma imagem. Por exemplo, você sente um bolo na garganta, ou como se mãos a envolvesse e sufocasse, ou sente uma tensão como uma cinta no tórax, ou uma perna pesada como chumbo etc. Também podem surgir imagens fora do corpo como chamas, uma explosão, um leão, um vulto correndo etc. Entre em contato com as imagens que surgirem, interaja com elas, e deixe-as irem se transformando até a imagem gerar seu complemento e você encontrar a paz. Por exemplo, alguém ansioso vê um fantasma correndo e visualiza-se indo em direção a ele, transpassa-o, ele se transforma em alguém conhecido ou nele mesmo e se abraçam, então, a ansiedade passa. (Obs.: Se algum sentimento for muito intenso e perturbador, trabalhe-o acompanhado de alguém acolhedor e de sua confiança.)

Na carta ao leitor, colocou-se que as diferenças individuais relativas à tipologia psicológica não são abordadas e que isso pode fazer diferença nas sugestões. Relembro isso para alertar que nem todos têm a mesma facilidade para visualizar imagens, assim como denominar os sentimentos pode ser mais difícil para alguns. Se você tiver dificuldade para visualizar imagens, pode treinar olhando fotografias ou quadros sem muitas informações, dirigindo o olhar para os detalhes. Descreva a figura, olhe de novo e, a seguir, feche os olhos e deixe a imagem formar-se ou busque-a em sua mente (EPSTEIN, 1990: 49). Faça isso várias vezes. Já, para aqueles que têm dificuldade de identificar e denominar os sentimentos, trabalhar com imagens, figuras e cores pode ser interessante.

Esses exercícios nos aproximam de nossos sentimentos e ajudam a redirecionar a energia a eles associada, podendo, com a repetição, desvincular certo estímulo de determinado valor e conduzir a um novo valor. Entretanto, como o sentimento é subjetivo e independente das características do objeto, mas dependente do modo de vê-lo, o que se estará desenvolvendo é um novo modo de ver, o qual requer que a pessoa desapegue-se das justificativas do eu e isto é facilitado pelo bem-estar que se segue à transformação da imagem.

### RESUMO DAS PRINCIPAIS IDEIAS

- Alguns sentimentos são descritos como imagens de alterações no corpo.
- Talvez, eles nem estejam na mente nem no corpo, mas num nível intermediário, no *corpo psicoide* (BOECHAT, 2004).
- No *corpo psicoide*, psique e corpo conectam-se.
- O significado de uma imagem de alteração corporal pode ser compreendido.
- Técnicas expressivas não verbais facilitam o diálogo com as imagens.

- Técnicas expressivas não verbais podem revelar sentimentos negados.
- Gestos e postura corporal, o tom da voz, a respiração etc. podem revelar o sentimento presente.
- Um sentimento pode, num dado instante, estar inconsciente.
- O sentimento como imagem é um fenômeno mental, porém ele está na mente e está no corpo, simultaneamente.
- Sem alguma noção corporal, não há sentimento. O sentimento origina-se na informação do estado corporal.
- Sem algum mapeamento do corpo, não há mente (Damásio, 2004).
- Mudando a visão de mundo, as emoções e sentimentos podem mudar.
- Na visão de mundo estreita, há uma unilateralidade e pode-se estar em oposição ao outro competindo pela sobrevivência.
- Na visão de mundo ampla, a sobrevivência de si inclui a do outro.
- Sentimentos sociais e positivos estão em oposição aos sentimentos relacionados à sobrevivência que exclui ao outro.
- Sentimentos sociais marcam a saída de uma natureza mais animal para uma mais humanista.
- Quanto mais alguém é dominado por instintos, menos a vontade age.
- Vontade = energia à disposição da consciência.

- O exercício e a educação da vontade (para colocá-la a serviço da totalidade) ajudam a expandir a consciência e esta a delimitar os instintos.
- É possível que matéria e psique sejam dois aspectos diferentes de uma só e mesma coisa.
- Há uma relação de sincronicidade entre psique e corpo.
- Sincronicidade é uma conexão acausal, mas significativa entre um evento externo e um psíquico.
- Os complexos afetivos são psicofísicos.
- O inconsciente está presente no corpo e nele manifesta-se.
- A relação compensatória do inconsciente com o consciente, possivelmente, também se expressa no corpo.
- Corpo e psique compõem uma unidade, a separação é ilusória. Haveria uma unidade na regulação psíquica e corporal.
- O *Si-mesmo* é o arquétipo da totalidade, logo ele inclui o corpo.
- O corpo participa do processo de individuação.
- O processo de individuação é o sentido da vida.
- O corpo não é antagônico à espiritualidade: no corpo é que ela se realiza.
- Provavelmente, há uma ligação indissolúvel entre o fisiológico e o espiritual.
- Bons sentimentos relacionam-se a bom funcionamento orgânico e a uma visão de mundo em que se está em relação com a totalidade/*Si-mesmo*.

- Almejar a saúde e o bem-estar vindo de dentro é propor-se a, continuamente, guiar-se por uma fidelidade a si mesmo.
- Só aquilo que somos pode nos curar.
- A tendência do ser humano de buscar pelo bem-estar favorece as saúdes física e espiritual.

# 9
# Consciência moral

A conquista do bem-estar, a qual é associada aos sentimentos positivos, pode começar por reflexões oriundas do sentimento negativo presente. Uma vez que os sentimentos dependem dos valores da pessoa e do modo como ela vê o mundo e são determinantes nas escolhas pessoais por induzirem a uma aceitação ou a uma rejeição subjetivas, para transmutar os sentimentos negativos, o indivíduo pode precisar refletir sobre as suas escolhas e motivações:

São escolhas feitas em função de quê? Visando o quê? Com qual intenção? Angariar algo, um interesse egoísta ou o Bem? Movido por interesse ou por Amor? Assumindo os seus sentimentos e analisando-se, o indivíduo pode tomar consciência da sua ordem de valores, de suas prioridades e dos valores em função dos quais vive efetivamente.

A observação de nossas escolhas também permite observar o papel exercido pelos sentimentos nelas. Geralmente, as escolhas são influenciadas pelos sentimentos. Os sentimentos criam condições de relacionar-se o que se passa internamente com o estímulo-emocionalmente-competente e com o comportamento adotado. A partir dessas relações, nas tomadas de decisões seguintes, é possível considerar a vivência passada e antever as consequências futuras, ou seja, levar em conta se determinada conduta fora, no passado, acompanhada de sentimentos negativos (nos quais há dor/punição) ou positivos (nos quais há prazer/recompensa), e o que se poderá ser no futuro. Desse modo, os sentimentos influenciam no raciocínio e nas escolhas futuras.

Os sentimentos negativos e os positivos são experimentados, respectivamente, com variedades de dor/punição ou de prazer/recompensa. Comumente nas escolhas, conscientemente ou não, escolhemos aquilo que traz recompensa e evitamos o que traz dor. Essa escolha nem sempre é simples, porque costuma haver vários fatores envolvidos e porque há a possibilidade de uma escolha trazer prazer num primeiro momento, mas depois ocasionar dor ou vice-versa. A preferência por uma ou por outra conduta vai depender das prioridades do indivíduo, de seus valores.

Por exemplo, um atleta pode optar pela dor hoje (treinar bastante, não sair com colegas, resistir a guloseimas etc.) e adiar a recompensa; além disso, quanto mais valorosa for a sua atividade atlética, menos dolorosas serão as vivências das exigências para exercê-la e, caso o seu foco esteja num valor transcendente e não em um interesse egoísta, elas ainda podem ser acompanhadas da recompensa inerente ao exercício de virtudes, tais como a disciplina e a perseverança, reduzindo a dor. Aquilo que o atleta abdica pode ser visto como valoroso para alguém, de forma que o faria contrariado, ocasionando sentimentos negativos (dor); entretanto, na visão do atleta, as coisas que renuncia podem não ser tão valorosas assim e, focado no seu fim, ele não se sente contrariado; abdica porque quer. Mas, se o atleta esquecer-se do seu Bem pode contrariar valores seus ou sociais (p. ex.: dopar-se), ou exceder-se no que faz em função dos resultados na sua atividade atlética, e fazer-lhe mal.

Na maioria das vezes escolher não é simples. A escolha vai revelar a escala de valores pessoais e o que está guiando o indivíduo nas suas escolhas ao fazê-las.

Normalmente, as escolhas associadas a sentimentos positivos são favorecidas pelo bem-estar que as acompanha. A neurociência mostra-nos que o próprio exercício da virtude constitui a sua recompensa, independente do resultado; e a observação clínica demonstra-nos que, quando se está escolhendo em função do Bem a si e/ou ao próximo, é mais fácil abdicar de um interesse hoje e do prazer a ele associado. (P. ex., um pai é capaz de ir trabalhar cansado pelo amor ao filho que precisa do provento, enquanto se fosse apenas por si, talvez faltasse.)

À medida que um indivíduo para de responsabilizar o outro por seus sentimentos e assume a sua responsabilidade, saindo da projeção, e deixa de esperar que a mudança venha de fora, ele pode propor-se a mudar (transformar-se) para encontrar o bem-estar a partir de dentro. Esse bem-estar não será proveniente da fuga daquilo que desencadeia o sentimento negativo; isso não é a solução. Pois o estímulo não é a causa do mal-estar, mas a oportunidade de se descobrir a visão de mundo pessoal e os valores individuais associados ao surgimento do sentimento negativo. Evitar o estímulo não resolve, apenas restringe a vida.

Para encontrar o bem-estar a partir de dentro, o indivíduo, no lugar de simplesmente evitar a situação estímulo-emocionalmente-competente associada ao sentimento negativo – o que seria fugir da situação e, principalmente, de si mesmo –, precisará confrontar-se consigo mesmo, começando por admitir e aceitar na consciência o sentimento negativo, a sua responsabilidade e até mesmo a sua participação ativa naquilo de que se queixa.

A partir disso o indivíduo tem a possibilidade de rever os seus valores e desenvolver o polo oposto, porém, para não cair em outra unilateralidade, precisará apoiar-se em valores transcendentes. Nesse processo o indivíduo vai avaliando o que faz bem e o que faz mal e descobre que nem tudo que é bom por trazer prazer ou recompensa imediatos faz bem, pois pode gerar consequências que acirram o conflito, dão mal-estar e evoluem com sentimentos negativos, os quais, mesmo se negados, correspondem a um funcionamento orgânico mais difícil.

Assumindo ou não a responsabilidade pelo sentimento, é a pessoa possuidora do sentimento (quem sente) aquela que responde por ele, seja arcando (se assume), seja sofrendo a sua consequência (se não assume); isto é, de uma forma ou de outra, o sentimento, positivo ou negativo, está associado ao mundo interno de quem sente e ele está sendo afetado positiva ou negativamente. Mas, apenas arcando com a sua responsabilidade, admitindo e aceitando o seu sentimento, é que uma pessoa tem como desenvolver o sentimento oposto e encontrar o bem-estar. Isto é, antes de tudo, é preciso que a pessoa perceba-se como a responsável por seu sentimento e não o outro, para, então, deduzir o que ele revela sobre ela mesma.

Se o indivíduo fizer uma honesta e destemida avaliação de sua conduta, de suas escolhas, de suas intenções e motivações, de seus sentimentos e de seus valores e quiser sentir-se melhor, necessitará mudar as suas escolhas para as relacionadas a valores transcendentes associados ao Amor/Bem, à totalidade. A resultante é uma nova visão de mundo e uma consciência ampliada que, nascendo da experiência e passando pela questão do Bem e do Mal, é uma consciência moral. (Vale observar que, no mito bíblico, o desenvolvimento da consciência humana começou após uma transgressão em que o fruto proibido da Árvore do Bem e do Mal fora experimentado.) Por outros caminhos, Damásio (2004) chegou à conclusão semelhante a respeito do papel dos sentimentos, diz ele: "A emoção e o sentimento desempenham papel principal no comportamento social e, por extensão, no comportamento ético" (DAMÁSIO, 2004: 189).

O estudo dos sentimentos conduz-nos a concordar com as seguintes afirmações de Jung: "A moral não nos é imposta de fora, nós a temos definitivamente dentro de nós mesmos, *a priori*, não a lei, mas o ser moral, sem o que seria impossível conviver na sociedade humana" (JUNG, OC, vol. 7/1, § 30) e "o desenvolvimento moral do indivíduo requer a fidelidade a si mesmo e esta é a própria moral" (JUNG, OC, vol. 7/2, § 218).

Cabe a cada um o desenvolvimento da consciência moral. Contudo, para que o indivíduo moral possa se desenvolver é necessário haver liberdade. Jung (OC, vol. 7/2, § 240) lembra-nos que "sem liberdade não pode haver moralidade"; sem liberdade para se escolher, não há como surgir uma consciência moral. Essa liberdade refere-se tanto a uma liberdade de escolha em relação a um Estado, a uma autoridade, às massas, à coletividade quanto (principalmente) aos próprios interesses (do ego).

É necessário haver liberdade e ousadia para se questionar os valores sociais e se desenvolver a moral individual. Se não, o indivíduo estará agindo de acordo ao que a sociedade diz ser certo, enquanto reprime o que contraria a sociedade e, assim, esconde de si o que lhe parece mal. Enquanto a escolha é feita pela sociedade, o indivíduo não cria responsabilidade. Jung alertara para a degenerescência moral que isso conduz, a qual é visível no comportamento das massas (JUNG, OC, vol. 7/2, § 240).

É a fidelidade a si mesmo que permite a cada indivíduo discernir os seus próprios valores, assumir a responsabilidade por si, ampliar a sua consciência e desenvolver plenamente a sua personalidade. Se a pessoa só reproduzir a moralidade da sociedade, sem ao menos passar por um questionamento, estará anulando parte de si; e a falta de contato com o seu "lado mau", ou socialmente reprovável, pode levar à sua projeção nos outros, à intolerância e ao moralismo.

Por outro lado, se na adaptação social, o indivíduo reprimir elementos desagradáveis a ele mesmo (desejos, lembranças, tendências, planos etc.) e os mantiver inconscientes, produzir-se-á o sentimento de uma inferioridade, uma vez que esses conteúdos, agora do inconsciente pessoal, são partes integrantes da personalidade. Essa inferioridade é em relação à própria pessoa e foi identificado por Jung como um sentimento de inferioridade moral, cuja presença indica a necessidade e a possibilidade de trazer à consciência o que fora reprimido:

> O sentimento de inferioridade moral indica sempre que o elemento ausente é algo que não deveria faltar em relação ao sentimento ou, em outras

> palavras, representa algo que deveria ser conscientizado se nos déssemos esse trabalho. O sentimento de inferioridade moral não provém de uma colisão com a lei moral geralmente aceita e de certo modo arbitrária, mas de um conflito com o próprio *Si-mesmo* (*Selbst*) que por razões de equilíbrio psíquico, exige que o déficit seja compensado. Sempre que se manifesta um sentimento de inferioridade moral, aparece a necessidade de assimilar uma parte inconsciente e também a possibilidade de fazê-lo. Afinal, são as qualidades morais de um ser humano que o obrigam a assimilar seu *Si-mesmo* inconsciente, mantendo-se consciente, quer pelo reconhecimento da necessidade de fazê-lo, quer indiretamente, através de uma penosa neurose. Quem progredir no caminho da realização do *Si-mesmo* inconsciente trará inevitavelmente à consciência conteúdos do inconsciente pessoal, ampliando o âmbito de sua personalidade (JUNG, OC, vol. 7/2, § 218).

No caminho da realização do *Si-mesmo* (processo de individuação), há a saída de uma visão de mundo unilateral e aprisionada nos interesses do ego para uma mais ampla pela integração de aspectos inconscientes à consciência e, nesse processo é importante o estabelecimento de uma relação do eu com valores transcendentes.

A relação com valores transcendentes totalizantes (o Poder Superior do A.A., o Bem, o Amor...), ou seja, uma atitude religiosa, na qual se coloca o eu (ego) a serviço daqueles valores, é capaz de deixar o eu livre dos interesses do ego, gerando a liberdade necessária para o desenvolvimento de uma consciência moral.

Jung, referindo-se à primeira metade da vida, na qual costumamos focar nos nossos interesses em conquistas externas, discorreu sobre a prisão que isso ocasiona, embora aquele foco seja necessário:

> O poder de concentrar toda a capacidade num ponto só é, sem dúvida alguma, o segredo de certos êxitos [...]. A paixão, ou seja, a acumulação de energia entorno de uma monomania, é o que os antigos chamavam de Deus [...]. (Fulano endeusou isso ou aquilo) Estamos certos que ainda podemos querer ou escolher e não percebemos que já estamos possessos, que nosso interesse já é senhor e usurpou todo o poder (JUNG, OC, vol. 7/2, § 111).

Na segunda metade da vida, "(não estamos diante de questões de profissão, de casamento etc.) estamos diante do problema de encontrar o sentido que possibilite o prosseguimento da vida (algo mais do que simples resignação e saudosismo)" (JUNG, OC, vol. 7/2, § 113). O ser humano, nesta etapa da vida, habitualmente, intensifica o questionamento sobre o que fez e faz de sua vida e repensa os seus valores. Poeticamente, Jung (OC, vol. 7/2, § 115) afirmara: "A passagem da manhã para a tarde é uma inversão dos antigos valores". Novos valores são acolhidos junto aos antigos e a consciência continua a se expandir dando prosseguimento ao processo de individuação pelo qual, progressivamente, as potencialidades e a singularidade individuais realizam-se e o arquétipo divino (*Si-mesmo*) é encarnado; e, para o junguiano, é este o provável mais alto fim da existência.

### ☞ DA TEORIA À PRÁTICA – SUGESTÕES

Reflita sobre as motivações de suas escolhas/comportamentos. Qual era no fundo a sua intenção? Relembre o pensamento que cruzou a sua mente antes de falar algo ou de agir. Isso é importante porque as motivações e intenções influenciam diretamente no resultado do que se faz. Se você agir intencionando o seu bem e/ou do próximo é natural que este seja a consequência e, se agir orientado contra alguém, provavelmente, o resultado não será o bem. (Exemplo de uma situação: Senti-me ferido pela fala de Y, e estou aguardando a oportunidade para falar-lhe algo que o faça sentir o mesmo, portanto, estou permanecendo com aquele sentimento e querendo fazer um mal. É mais provável que o outro me responda agressivamente do que se desculpe (a intenção do mal gerando o mal). Mas, o que realmente gostaria era que Y reconhecesse a minha dor e se arrependesse, isto é, desejaria colher um bem. Para isso, precisaria tomar uma atitude visando o bem meu e/ou de Y, tal como falar assertivamente com Y ou comportar-me ao contrário de como pretendia. Certamente, se for agressivo, eu sentir-me-ei mal comigo mesmo, diferentemente de se agir pelo bem; neste caso, independente do resultado, ficarei bem comigo.)

Observe, no seu diário, a influência do seu sentimento no seu comportamento/escolha. Quantas vezes você não foi mais reativo a um sentimento, fosse ele agradável ou desagradável, do que ativo no seu comportamento/escolha?

Releia passagens do seu diário e veja as escolhas que fizera em alguns momentos. Elas podem revelar seus valores, suas prioridades efetivas, e se algum valor seu fora contrariado.

Observe, em algumas situações, se havia um conflito entre o que você gostaria ou escolheu e os valores que você acredita possuir. (P. ex.: A família é um valor seu, mas você gostaria de sair com amigos e deixá-la. à Isso gera um conflito enquanto não aceitar a escolha que fizer entre um e outro. Amigos e família são importantes, necessitando-se equilibrar as prioridades momento a momento, não havendo uma escolha certa a priori; a cada momento, a relação com um valor transcendente como o Bem, pode ser o fiel da balança.)

Reavaliando as suas descrições de seus sentimentos em algumas situações, nas quais um valor seu possa ter sido afirmado ou contrariado, veja se esse valor tinha relação com o que você queria ou gostaria, ou com a sua necessidade ou seu Bem ou de outrem. Frequentemente, sentir-se melhor em situações semelhantes futuras requererá mudar as suas escolhas e valores.

Em algumas escolhas como, por exemplo, naquelas em que você sabe o que deve fazer, mas não é o que você quer, em vez de pensar apenas no prazer imediato ou na dor, experimente pensar no bem que trará e na sua satisfação futura.

Observe em função de quê você organiza a sua rotina. Se há uma flexibilidade nas prioridades (= ordem de valores) ou algum interesse controla os seus horários e seus afazeres (e, às vezes, até a sua mente, como na dependência em geral), usurpando a sua liberdade.

Se houver um sentimento de inferioridade moral, não se recrimine nem fuja dele negando-o, e sim busque em si o que lhe falta. Escute-se. Junto com a consciência da falta vem a possibilidade do (re)encontro, o qual é facilitado pela relação com valores transcendentes.

Um lembrete: Em algumas fases da vida, particularmente, na passagem da primeira para a segunda metade da vida (a famosa crise dos quarenta) é comum haver a renovação dos valores, porém, ela é antecedida pelo conflito interno havendo a passagem pelo "deserto", em que a energia psíquica volta-se para dentro (cf. subcapítulo Conflito). Às vezes, é a vida que nos dá um "sacode" – uma doença, um acidente, uma perda de emprego – que nos leva ao "deserto" e daí saímos renovados. Aproveite as oportunidades.

## RESUMO DAS PRINCIPAIS IDEIAS

- O sentimento revela nossos valores.
- Em função de quê as escolhas são feitas? Com que intenção?
- Sentimentos podem orientar as escolhas segundo os valores pessoais.
- Tende-se a evitar o que traz dor e escolher o que recompensa.
- Se algo pode trazer dor primeiro e recompensa depois ou o inverso, a decisão vai depender dos valores (prioridades) pessoais.
- Evitar a situação estímulo-emocionalmente-competente associada ao sentimento negativo em vez de confrontar-se é fugir de si mesmo.
- Para sair da unilateralidade, precisa-se apoiar em valores transcendentes como o Bem.
- Focar-se no Bem requer que se questione se algo conduz a ele ou não.
- Na aquisição de uma visão de mundo ampliada, há o desenvolvimento de uma consciência que é moral.
- Trazemos em nós o ser moral.
- A fidelidade a si mesmo é necessária para o desenvolvimento moral.
- A fidelidade a si mesmo é a própria moral.
- A liberdade é indispensável para o desenvolvimento moral. Liberdade em relação ao Estado, às massas e aos interesses do ego.
- A relação com valores transcendentes associados à totalidade liberta-nos de interesses do ego.

- O sentimento de inferioridade moral deve-se à repressão de parte de si resultando num conflito consigo mesmo.
- É necessário conscientizar-se do que fora reprimido.
- Na primeira metade da vida, costuma-se focar em conquistas externas e tornar-se prisioneiro dos próprios interesses.
- Na segunda metade da vida, comumente, questiona-se sobre o que se fez e faz-se da vida, repensam-se os valores individuais e descobrem-se novos. → O processo de individuação prossegue e a consciência moral vai se expandindo.

# 10
# Sentimentos, valores e espiritualidade

A função sentimento é a função da consciência que determina o **valor** de algo para a pessoa ocasionando uma aceitação ou uma rejeição subjetivas, devido aos sentimentos conterem variedades de prazer (recompensa) ou variedades de dor (punição). É função que se dá na relação – entre – do sujeito com algo, entretanto, mais do que revelar sobre aquele algo, revela aspectos sobre a pessoa: sobre o que se passa no mundo interno dela, sobre os seus valores, sobre a sua visão de mundo, eventualmente, sobre os seus complexos e, indiretamente, sobre a transformação necessária para a ampliação da consciência.

Os sentimentos são a vivência consciente das ocorrências de nosso mundo interno, pois eles "são as percepções compostas daquilo que ocorre em nosso corpo e na nossa mente, quando uma emoção está em curso" (DAMÁSIO, 2011: 142), formando imagens de mapas do estado corporal. Uma emoção – um conjunto de reações orgânicas reflexas para a manutenção da vida formando um determinado padrão –, por sua vez, é desencadeada quando um indivíduo é tocado em determinado complexo. Portanto, um sentimento pode auxiliar a revelar complexos inconscientes.

Determinada ocorrência, tocando num complexo, desperta a emoção que o compõe e, consequentemente, gera certo sentimento. Desse modo o aparecimento de um sentimento pode ser quase automático e até mesmo alheio à nossa vontade e intenção. Possivelmente, por isso Jung (OC, vol. 6, § 900) notara que o sentimento, apesar de ser uma função racional, pode ser passivo e contrário à nossa intenção, no seu desencadeamento. Mas, mesmo que seja passivo no seu surgimento, qualquer sentimento, por ser conteúdo de uma função racional da consciência, pode sofrer a ação da vontade e é sujeito à reflexão. Assim, os sentimentos podem e devem auxiliar na transformação íntima individual, no processo de individuação e desenvolvimento espiritual.

Os sentimentos revelam o que se passa no nosso mundo interno nos inseparáveis polos fisiológico e espiritual, eles revelam os nossos valores e são condizentes à visão de mundo pessoal; transmutá-los significa transformar a nós mesmos.

Se determinada situação despertar um sentimento de humilhação, de inveja, de ciúme, irritabilidade etc., o sentimento presente estará falando da visão de mundo da pessoa e de seus complexos. Eles relacionam-se às singularidades individuais. Escutando a(s) mensagem(s) do sentimento a respeito da própria pessoa, ela pode aprender com ele sobre si mesma. A pessoa, se quiser, após admitir os seus sentimentos, pode refletir sobre o que sinalizam e sobre os seus significados, pode buscar as suas motivações inconscientes (que terão relação com os seus valores e a sua visão de mundo) e investigar as marcas pretéritas relativas aos complexos correspondentes ativados.

Por outro lado, a não aceitação e negação ou a repressão de um sentimento para o inconsciente pode alimentar complexos, ficar na sombra, ser projetado e causar conflitos. Negar ou reprimir um sentimento não faz com que alguém fique livre dele; ao contrário, inconsciente, seus efeitos e autonomia aumentam.

Tornar-se livre de um sentimento não é deixar de tê-lo, mas é deixar de ser dominado por ele. Não ser dominado por um sentimento apenas é possível quando se tem consciência do sentimento, isto é, quando ele é admitido e aceito e, vigilante, o indivíduo não se deixa subjugar pelo sentimento comportando-se ativamente, e não reativamente. Consciente do que sente, um indivíduo pode escolher como agir, que pode ser fazer o que o sentimento indica ou o contrário, ou até não agir. Livrar-se de um sentimento negativo, paradoxalmente, é admiti-lo e aceitá-lo em si. Porém, isso não costuma ser fácil.

Habitualmente temos dificuldade de assumir muitos de nossos sentimentos e tendemos a negar a nós mesmos nossos sentimentos negativos, frequentemente, porque eles levariam a um mau julgamento de nós mesmos e, ao negarmos, tentamos manter uma boa imagem para a gente mesmo. A consequência é uma cisão interna, um afastamento e uma cegueira de si mesmo. Aqueles aspectos sombrios são projetados e vemos o mal projetado no outro. Surgem os conflitos com os outros e conosco mesmos. Para podermos resolvê-los, faz-se necessário que nos confrontemos com os nossos sentimentos. O contrário, não identificar em nós nossas emoções e sentimentos, é viver em conflito. Em vez de escondermos de nós mesmos, deveríamos assumi-los, admitir nossos lados sombrios e olhar para eles. Olhar a sombra para encontrar a luz.

Mantendo os nossos sentimentos na consciência, criamos a possibilidade de viver o seu polo oposto conscientemente e de integrá-los adequadamente à consciência, enquanto nos orientarmos por valores transcendentes.

Voltando-se para um valor transcendente como o Bem (o que favorece a vida na sua totalidade) e o Amor – a qualidade capaz de unir sem anular as individualidades e mãe de todas as virtudes –, pode-se resolver os conflitos manifestos nos sentimentos e resultantes da cisão interna decorrente de um ponto de vista unilateral que aparta a pessoa do todo interno e externo, isto é, da totalidade do indivíduo e do mundo Uno. Ou seja, pode-se sair de uma visão de mundo estreita aprisionada nos interesses e razões do ego, para uma mais ampla, em relação com a totalidade. Neste processo, dá-se a expansão da consciência pela integração de aspectos do *Si-mesmo*, ampliando a personalidade: o indivíduo caminha no sentido de tornar-se a *Si-mesmo*, o processo de individuação, cumprindo com o sentido último de sua vida.

Para o melhor desenvolvimento da pessoa, nenhum sentimento deveria ser negado, proibido ou camuflado, mas deveria ser escutado, e sem julgamento. Os sentimentos positivos ou negativos nos orientam a como agirmos **e é o direcionamento que damos a eles que pode ser bom ou ruim**. Mesmo os negativos não são errados ou impróprios, pois, assim como os positivos, eles nos guiam e fornecem indicadores para a nossa vida de relação. (P. ex.: é bom ter medo de passar por certas ruas à noite para que possamos nos proteger.)

Os sentimentos auxiliam nas escolhas e é a partir de nossos sentimentos que identificamos o valor das coisas para nós e como elas nos afetam; desse modo, escutando-os, podemos aprender sobre nós mesmos. Os valores são dados, primariamente, em função da preservação da vida e adquiridos segundo o que se vê como mais ou menos importante para a preservação da vida.

Com base em nossos valores, fazemos escolhas. A consequência de cada escolha pode vir com prazer ou com dor e com bem ou mal-estar a depender da escolha individual ser orientada por uma visão de mundo, no momento, mais ampla ou estreita/unilateral. Além disso, o bem-estar e o mal-estar, o prazer e a dor, que acompanham os sentimentos podem ser a expressão, respectivamente, da facilidade ou da dificuldade de funcionamento do organismo para a manutenção da homeostasia.

Assim, os sentimentos serão positivos ou negativos dependendo da harmonia ou do desacordo que estiver ocorrendo no corpo. E também serão positivos ou negativos a depender do ego estar em harmonia com o *Si-mesmo*, com o indivíduo sendo fiel a si mesmo (os positivos), ou de haver um desacordo entre o ego e o *Si-mesmo*, causando uma rotura da integridade (os negativos).

Portanto, o estudo dos sentimentos – cuja existência fora relacionada pelos neurocientistas à gestão da vida, inicialmente, no sentido da preservação corporal e, no seu desenvolver, com o surgimento dos sentimentos sociais, também (e simultaneamente) no sentido da preservação da coletividade – demonstra haver uma correspondência entre a harmonia e a desarmonia que ocorre no interior do corpo, e a harmonia e a desarmonia existentes na relação do ego com o *Si-mesmo,* significando que haveria uma correspondência entre o que ocorre no plano material, corpo, e o que ocorre no plano imaterial do ser, psíquico.

Pensando sob essa perspectiva, é provável que a homeostase psíquica esteja em relação com a homeostase corporal e que elas se desenvolvam compondo uma unidade em que a compensação psíquica aparece também no corpo, com o corpo participando da regulação psíquica e vice-versa, sem separação; a autorregulação psíquica tendo relação com a metabólica e funcionando como uma unidade. As antigas observações clínicas da ocorrência de menor incidência de doenças físicas nos doentes mentais e do aparecimento daquelas, quando as mentais melhoram, também conduzem a presumir-se haver uma unidade mente-corpo e do seu mecanismo regulatório.

Pensar-se no sentimento como reflexo do que se passa no corpo e no psiquismo, torna-se interessante que não se busque a transformação do sentimento apenas mexendo-se no cérebro a partir de fora, pois isto é atuar na superfície, na consequência, no mal-estar, mas não na causa da dor e do sentimento. Também negar a existência do sentimento negativo que vem com dor e mal-estar ou tentar reprimi-lo, enquanto se tenta ver somente os aspectos positivos de si mesmo, não é a solução. Estimular os aspectos positivos negando ou reprimindo os negativos reforça a unilateralidade. A transformação requer a plena aceitação das qualidades, inclusive das que não se gosta, mas cujas presenças são denunciadas pelos sentimentos.

Focando-se na qualidade oposta, pode-se cair em outra unilateralidade, daí a necessidade de haver um valor transcendente capaz de unir os opostos para avançar-se e para ir além dos interesses do ego. Para se desenvolver sentimentos positivos a partir dos negativos, um indivíduo precisa sair da unilateralidade em sua visão de mundo e, neste aspecto, é imprescindível uma atitude religiosa, ou seja, de relação do homem com os valores que o transcendem. Essa atitude faz parte do que Jung chamou de um instinto para a religiosidade, e observou estar presente no ser humano. Isto independe de se pertencer ou não a alguma agremiação religiosa ou de acreditar-se ou não em determinado deus.

Segundo Damásio (2011), há, nos seres vivos, um valor biológico associado à sobrevivência e manutenção da vida em função do qual os organismos existem. Para garantir que assim seja, a evolução fora dotando os organismos de mecanismos cada vez mais refinados. Nesse contexto, apareceram os instintos (impulsos involuntários para determinadas ações) e as emoções (conjunto de reações regulatórias reflexas coordenadas que preparam o corpo para uma resposta a um estímulo apropriada à sobrevivência) e, depois, surgiram os sentimentos, a consciência do que se passa dentro do corpo, possibilitando que se possa escolher como se comportar para uma autopreservação mais eficaz. Por último, surgiram as emoções e os sentimentos sociais (como a vergonha e a culpa, presentes no mito de Adão e Eva), muitos dos quais são exclusivamente humanos e, pode-se dizer que eles relacionam-se à saída de uma natureza mais animal para uma mais humanista, que anseia pelo Bem comum.

As emoções e os sentimentos sociais também são vinculados ao valor biológico; desse modo, devem, igualmente, estarem relacionados a algum instinto. Esse instinto fora descrito por Jung como um instinto para a religiosidade presente no ser humano, o qual lhe impulsiona a dar significado à sua existência num contexto mais amplo, colocando-o em relação com a vida em toda a sua magnitude e, assim, religando-o aos demais seres e ao cosmos (*religare* horizontal e vertical). Para que este instinto realize-se, o ser humano precisa estar em relação com valores transcendentes. É através dessa relação que a espiritualidade estabelece-se e desenvolve-se.

A preservação da vida passa a depender não apenas de valores materiais capazes de garantir a existência material do ser, mas também de valores imateriais. O ser humano, mobilizado por valores imateriais, transcendentes, situa a sua vida num contexto maior e que inclui o outro. Damásio (2004) percebera que as emoções e os sentimentos sociais têm a função de conduzir cada um a preservar a vida de outras pessoas, de outros seres e do planeta em geral, pois a vida de cada pessoa depende da preservação dos demais.

Os sentimentos mais nobres têm a função de preservação da vida em geral. Como todo sentimento positivo, eles vêm com prazer – daí a virtude ser em si a sua própria recompensa ao ativar as regiões cerebrais correspondentes – para estimular a escolher-se pelo que faz bem (isto é, preserva a vida). Mas, nesse caso, indo além de um interesse imediato ou de um egoísta, que podem ser bons por darem prazer num primeiro momento, mas evoluem com mal-estar.

Quando se opta por algo que dá um prazer imediato, mas depois traz dor por não favorecer a vida (fazer bem), para reencontrar o prazer, o indivíduo pode repetir a escolha, caindo em um ciclo vicioso, ou interromper esse ciclo, mudando a escolha para uma que lhe faça bem num prazo maior e, consequentemente, faça aos demais.

O Bem não separa, se é Bem para um, o é para os demais. O mesmo pode se dizer do Mal. Por exemplo, na dependência à droga, o uso compulsivo dela faz Mal ao indivíduo, a todos ao seu redor e à comunidade como um todo (à sua família, ao seu patrão, aos seus vizinhos etc.), embora usar drogas lhe parecesse bom e gostasse. Bom (boa) é diferente de Bem. Bom é para alguém e, geralmente, é vinculado ao interesse de um ou de alguns, diferentemente do Bem. Os sentimentos mais nobres e o instinto para a religiosidade nos direcionam para uma relação com o Bem e, assim, com a unidade da vida/totalidade.

Servindo à totalidade, paradoxalmente, tornamo-nos livres para escolher e podemos encontrar um sentido para nossa existência capaz de dar-nos coragem a enfrentar as dores da vida e até de suavizá-las; enquanto a consciência pode se ampliar por não estar aprisionada a nenhum interesse do ego ou parcialidade.

Servir à totalidade é amar. O Amor é o fator capaz de unir os opostos preservando as individualidades, desse modo sustentando e permeando a totalidade. Amar é orientar-se pelo Bem, portanto, é ter na preservação da vida como um todo o sentido da vida. Assim sendo, pode-se pensar o Amor e o Bem como os norteadores do desenvolvimento espiritual e a Vida como o grande valor espiritual. A preservação da vida reconhecida como o valor biológico, nos seres humanos, desponta também como valor espiritual, porém, necessariamente, incluindo todo o universo e não apenas a vida do indivíduo.

Acompanhando a crescente evolução da consciência humana, hoje, pensamos a vida mais amplamente e a preservação da vida de cada um vem passando a ser entendida como a preservação de todos, incluindo do Planeta Terra. Assim, vimos surgir a Teoria de Gaia – segundo a qual a Terra seria um superorganismo vivo – a ensinar-nos a unidade da vida e que destruir a Terra é destruir a possibilidade da nossa própria vida, logo, a nós mesmos. Ninguém é uma ilha.

Preservar a própria vida inclui a de todos, portanto, os instintos básicos para a sobrevivência, como os da fome e da reprodução, devem estar em equilíbrio com o instinto para a religiosidade, de tal forma que aqueles não contrariem o instinto para a religiosidade para que a vida individual, a qual é vinculada a dos demais, seja efetivamente conservada. Desse modo, tanto quanto possível, deveríamos nos colocar em relação com valores transcendentes para que a vida seja preservada. No entanto, além de ser preservada materialmente, a relação com valores transcendentes permite que a vida continue a expandir-se espiritualmente.

É na relação com valores transcendentes que a consciência tem condições de ser ampliada e o processo de individuação prosseguir. A matéria se mantém, enquanto o espírito se alarga englobando o mundo ("a individuação engloba o mundo" (JUNG, OC, vol. 8/2, § 432). Não há antagonismo entre matéria e espírito, enquanto cada esfera (material e espiritual) cumpre com o seu fim: a **Vida**. É a vida o valor biológico e o espiritual.

A espiritualidade como sentido da vida realiza-se no corpo e na mente, em todo o ser e na vida, que é uma vida de relação. O espiritual está incorporado no físico.

A relação entre corpo e mente evidenciada pelo estudo das emoções e dos sentimentos conduz-nos a pensar que corpo e mente não são entidades separadas, mas indissolúveis, como imaginara Jung; ou seja, não são autônomos e de regulação independente um do outro.

Jung rompeu com a crença na independência entre psique e corpo ao realizar testes de associação de palavras e detectar a existência de complexos afetivos inconscientes. Jung também sugeriu que psique e corpo podem ser como as duas faces da mesma moeda, e Boechat (2004) desenvolveu o conceito de *corpo psicoide*, intermediário ao físico e ao mental. Há a possibilidade de que os sentimentos descritos como imagens de alterações corporais situem-se nesse *corpo psicoide*.

A provável inseparabilidade entre corpo e mente sugere que há uma correlação entre o espiritual e o corpo, e que é na vida de relação que o processo de individuação ocorre com a progressiva encarnação (corporificação) do *Si-mesmo*, o arquétipo divino e da totalidade. No dizer dos espiritualistas, isso corresponde ao entendimento da vida como oportunidade de uma progressiva encarnação do divino em nós pela efetiva ampliação gradativa da consciência – é o divino revelando-se na materialidade.

O processo de individuação é o sentido da vida através do qual o indivíduo cumpre com o destino que lhe é próprio, desenvolvendo a sua singularidade. O significado (sentido) da existência é construído individualmente, dia a dia, manifestando-se em como se vive, e é determinado pelos valores em função dos quais as escolhas pessoais são feitas, e os valores, por sua vez, são vinculados à visão de mundo.

A visão de mundo mais ampla, na qual se está em relação com valores transcendentes relacionados ao Amor, o qual busca o Bem e inclui a tudo e a todos, em algum momento da vida, torna-se essencial para a progressão do processo de individuação e desenvolvimento espiritual. Se na primeira metade da vida ou em outros momentos estamos presos a interesses pessoais – a algum valor –, que nos tomam e vamos sendo conduzidos por eles, enquanto outra parte fica inconsciente, há um momento em que essa outra parte reclama por seu direito de existir. Aparece o conflito interno e/ou externo, um mal-estar associado a sentimentos negativos e, para resolvê-los, precisamos nos colocar em relação com valores transcendentes relacionados à totalidade, acarretando, ao final, a ampliação da personalidade, a progressão do processo de individuação, o gradual *tornar-se a Si-mesmo*.

Para se chegar a isso, é importante a admissão, a responsabilização e a escuta das mensagens do sentimento, o que vai nos auxiliar no autoconhecimento, a descortinarmos a nossa visão de mundo e nossos valores e, se for o caso, a descobrirmos as partes negadas ou desconhecidas de nós mesmos, que uma vez conscientes, podem ser reintegradas na consciência ao guiarmo-nos por valores transcendentes relacionados ao Amor (ao Bem), encontrando nele o sentido de nossas vidas. Progressivamente, ocorre a ampliação da consciência, uma consciência que é moral.

Assumindo e escutando o que os nossos sentimentos dizem a respeito de nós mesmos, podemos utilizá-los como um instrumento para o nosso próprio crescimento, para a ampliação de nossa personalidade junto à transformação moral.

A função sentimento é fundamental para o desenvolvimento da consciência moral, embora, para isso, precise do auxílio das demais funções, do pensamento (para identificar e elaborar o sentimento), da sensação (para haver a experiência corpórea de dor ou de prazer e para se perceber objetos externos e internos) e da intuição (antecipadamente, ela pode indicar a melhor escolha, ainda que ela possa subverter a lógica e os interesses pessoais imediatos).

As relações do sentimento com a saúde e do sentimento com a consciência moral também levantam a hipótese de que saúde e doença tenham alguma relação com a conduta moral do indivíduo, uma vez que os sentimentos negativos correlacionam-se a uma dificuldade na manutenção do organismo numa faixa homeostática adequada à sobrevivência, enquanto os sentimentos positivos são acompanhados de uma fluidez e facilidade na regulação da vida. Lembrando, a conduta moral refere-se a uma fidelidade a si mesmo, segundo Jung (OC, vol. 7/2, § 218).

A doença poderia refletir uma falta de fidelidade a si mesmo, ou seja, de integridade, em que há uma postura unilateral: um excesso de um polo de determinado aspecto individual e uma falta do polo oposto. Esse desequilíbrio poderia ser corrigido por um processo de autorregulação do organismo (psique e corpo integrados) que compensasse a unilateralidade da atitude habitual do indivíduo e se revelasse no corpo, muitas vezes como uma doença. O excesso e/ou a falta se expressaria no corpo como uma doença a fim de reconduzir o indivíduo à integridade.

A doença não seria um castigo ou fruto do acaso, mas um caminho para levar a pessoa à integridade. Muitas vezes, observa-se uma doença ocasionando uma mudança na forma com que o indivíduo adoecido relaciona-se com a vida ou, no mínimo, forçando-o a ter uma conduta que precisava, nem que fosse repousar ou alimentar-se melhor.

A doença pode contribuir para levar um indivíduo a renovar os seus valores e ampliar a sua consciência ficando mais íntegro, se ele quiser. A reflexão é necessária e o arbítrio prevalece. De alguma forma, cada um responde por sua escolha.

A progressiva consciência moral faz com que, na medida em que o indivíduo saiba que algo faz mal, ele perca a ingenuidade e o direito de fazer mal sem responder por isso com *dolo*. Os dependentes químicos, por exemplo, costumam dizer que, uma vez que alguém tenha experimentado entrar em recuperação, nunca mais se drogará em paz. A culpa por fazer mal a si ao contrariar um valor seu, o qual, em recuperação, ele possui conscientemente, adicionará mais dor ao uso da droga.

Quanto mais consciente alguém for, mais responderá por suas escolhas. Portanto, o adoecimento também pode representar uma consciência mais diferenciada em muitos aspectos em relação a uma consciência mais indiferenciada apresentando, assim, menos conflitos entre opostos. Ou seja, não se pode avaliar o grau de ampliação da consciência de alguém pelo seu adoecimento. Fora isso, não é possível concluir-se que o adoecimento tenha necessariamente relação com a dimensão espiritual (a postura pessoal na vida estar ou não em relação com valores transcendentes), pois pode ser que, em alguns casos, sua etiologia seja mais física.

Relacionar a conduta moral – isto é, a fidelidade a si mesmo –, de alguém ao estado de saúde e ao adoecimento é diferente de culpabilizá-lo. Geralmente, quando se entende isso como culpar o doente, se está pensando na culpa em oposição à vítima. Oscila-se da onipotência (culpado) à impotência (vítima). Ser vítima do acaso é retirar-se do problema. Fiquemos com o meio-termo, a responsabilidade que permite acessarmos nossas competências; uma vez que se é parte da causa, pode-se ser parte da solução.

Não há um determinismo absoluto, muito menos um fatalismo, porque o arbítrio está sempre presente e pode mudar qualquer sentença de uma relação de causa e efeito previamente determinada, ainda que ninguém esteja livre das consequências de suas escolhas. Pelo exercício do livre-arbítrio, pode-se mudar, aprender com a experiência, transformar-se e fazer a reparação de uma falta, interferindo-se nas consequências pré-determinadas. A pessoa que se é no presente pode atuar ressignificando o passado e redirecionando o futuro.

Sem liberdade e sem responsabilização não haveria como a consciência moral desenvolver-se.

A forte relação do sentimento com o desenvolvimento de uma consciência moral (com a ajuda das demais funções) faz pensar na hipótese de que o desenvolvimento e a aplicação das demais funções da consciência sejam importantes para o desenvolvimento de outros aspectos da consciência. Por exemplo: a sensação seria importante para o desenvolvimento de uma consciência corporal; o pensamento, para uma consciência intelectual; e a intuição, para uma consciência do todo. As quatro funções contribuindo para o desenvolvimento da personalidade integralmente, enquanto o ego caminha em direção ao *Si-mesmo* com a crescente ampliação da consciência, num desenvolvimento espiritual do ser.

Depois de tanto negligenciar nossos sentimentos e focarmos no **ter** e, mais recentemente, no **parecer** (feliz, saudável, bem-sucedido etc.) e no **aparecer** (mídia, facebook, culto à celebridade etc.), é hora de fazermos as pazes com nossos sentimentos e escutá-los colocando-os a serviço do desenvolvimento **espiritual** (e, por tabela, da saúde), do **ser**, a fim de tornarmos a nossa vida significativa, não por ter ou parecer ou aparecer, mas pela crescente ampliação da consciência na medida em que tornamo-nos a nós mesmos (processo de individuação) e, com isso, renovamos os nossos valores e os coletivos.

A visão de mundo voltada para o Amor e o Bem (tudo o que favorece a Vida) é ampla, propicia a expansão da consciência e o encontro do sentido de nossas vidas no servir à própria Vida. Norteando-nos pelo Bem, podemos servir a nós mesmos, enquanto servimos à Vida; e podemos servir à Vida servindo a nós mesmos, sem separação.

Servir ao Bem (à Vida), aprender a Amar e Amar como sentido da vida e expressão da espiritualidade.

## ☞ DA TEORIA À PRÁTICA – SUGESTÕES

Se a fala ou o gesto de alguém desencadear uma dor, isto é, um sentimento negativo (mágoa, depreciação etc.) em você, procure *desidentificar* a pessoa de sua fala ou de seu gesto, pois, afinal, vindo de quem viesse aquela fala ou gesto desencadearia a dor. Fazendo isso, você poderá perceber a causa de sua dor como tendo relação com a sua visão de mundo e complexos e poderá aproveitar a oportunidade para trabalhá-los, em vez de ficar na acusação do outro e na espera que ele mude, o que apenas daria poder ao outro sobre você e potencializaria o seu complexo.

Quando falar das coisas com os outros, escute-se, observe as expressões que você usa e perceba as suas reações emocionais (alterações corporais) a fim de tomar consciência do que as coisas significam para você e de como elas o afetam, ou seja, tome consciência de seus sentimentos. As coisas, o mundo externo revelando-se como projeção do interno. É a sua vivência que é descrita pelo sentimento e este depende de sua visão de mundo. Reflita sobre ela. Se facilitar, registre num papel seu sentimento, a situação e o valor seu que fora afirmado ou contrariado levando a uma aceitação ou rejeição e pondo em evidência como você encarou o fato. Haveria outra(s) forma(s) de ver? O que poderia estar levando-o a ver de determinada forma?

Às vezes, a forma de você ver tem relação com vivências passadas (já que o valor costuma ser dado no primeiro contato com o estímulo), as quais, inconscientemente, você permanece aprisionado. A consciência da atuação de uma dor antiga no presente pode ser libertadora, caso queira-se abdicar de viver preso àquela dor. Rememore alguma dor antiga e perceba o sentimento que a acompanha e veja se ele ainda é presente. Retorne, também, ao sentimento que você vira se repetir ao longo de seu diário, pois a repetição de um sentimento em várias situações pode ter relação com uma dor antiga. Pode ser que a repetição deva-se a, inconscientemente, você assumir, na vida, uma atitude reativa àquele sentimento antes mesmo de senti-lo, simplesmente por viver na expectativa de ele ser deflagrado em algum momento. Entretanto, é justamente aquela atitude o que provoca a repetição daquele sentimento. A consciência de que você segue vendo, sentindo e comportando-se de certa forma, com isso perpetuando a ocorrência de determinado sentimento, pode ajudá-lo a querer se liberar da dor e transformar-se. Exemplos de perpetuação de um sentimento: (1) Fui abandonado na infância e sinto a dor desse abandono. Nos relacionamentos, temo e vivo na expectativa de ser abandonado, embora não tenha consciência disso. Ajo agarrando as pessoas, sufocando-as, quero sempre a presença delas e, se elas não me procuram ou atendem à minha demanda, sinto como um abandono ou, se elas, por não aguentarem a demanda e opressão, se afastam reativamente, experimento o abandono que temia. (2) Fui maltratado na infância e espero isso dos outros. Reativamente, eu sou hostil por defesa inconsciente. Os outros, reativamente, agem agressivamente comigo e sinto-me maltratado.

Se necessário, desabafe, expresse e escreva a respeito da dor original, inclusive das vezes em que você viu-a repetir-se, sinta-a completamente até perceber-se pronto para se desapegar dela. Para libertar-se do sentimento doloroso, experimente situar-se em relação com algum valor transcendente saindo, assim, de uma posição em que você vê o mundo (o outro) em oposição a você para uma posição em que o foco é o seu bem. Desse modo, você se abrirá para o amor a si, para um estado de benevolência e compaixão por si mesmo capazes de mitigar a sua dor.

Sinta, mas não cultive sentimentos negativos caso queira preservar a sua saúde, não os cultive nem mesmo reprimindo-os ou negando-os. Admita-os, aceite-os e permita-se senti-los consciente e atentamente, deixe o desconforto, se houver, vir e ir. Desapegue-se dele. Consciente de um sentimento, você pode escolher o seu direcionamento.

Exercite a humildade e a benevolência consigo mesmo capacitando-se a admitir os seus sentimentos menos agradáveis, condição para poder resolver os conflitos internos. Exercite a humildade para olhar para as sombras e o amor para encontrar a luz.

Lembre-se: não identificar em nós nossas emoções e sentimentos que refletem uma cisão interna, pode ser viver em conflito.

Exercite o amor. Encontre no amor, ou seja, no desejo do bem, a motivação para o enfrentamento das dores e para o desprendimento dos sentimentos negativos. (Exercitar é praticar quando oportuno e criar a oportunidade para praticar.)

Os sentimentos negativos são necessários à sobrevivência, escute as suas mensagens (o que sinalizam para você fazer? Em que medida? Em que valores e visão de mundo eles se apoiam?) e dê-lhes um direcionamento para o Bem para que eles cumpram com as suas finalidades e passem. Isto é, nem sejam negados, o que seria torná-los inconscientes aumentando o poder deles, nem perdurem.

Observe como você vive dentro das suas circunstâncias e veja que *o como* está refletindo as suas escolhas, os seus valores e a sua visão de mundo.

A espiritualidade está presente na vida de todos. Observe e descreva momentos da sua vida cotidiana em que, sem perceber ou planejar, você se situa numa relação com valores transcendentes, com a totalidade. Uma dica é lembrar-se de situações em que há bem-estar e paz, os quais nos acompanham em muitas escolhas e ações e são reflexos de uma integridade interna e uma integração ao todo. (Ex.: brincar com o meu filho, preparar a comida, o exercício de meu trabalho, cuidar do cachorro e das plantas... quando realizados com boa vontade.)

Quando se sentir afastado do ser espiritual que você é, experimente fazer um movimento em direção à totalidade, servir à vida, ao próximo ou à natureza. Para estimulá-lo, você pode recordar de algumas das tantas coisas que você recebera de graça da vida e, assim, sentir-se ligado a ela e com um sentimento de gratidão e um desejo de expressá-lo retribuindo à vida. Pequenos gestos como os relatados por você mesmo, na sugestão anterior, também podem reconectá-lo. Se precisar, recorde e recorra a algo que lhe seja sagrado e lhe ponha em conexão com algo maior do que você mesmo (um símbolo religioso, a memória de seus antepassados, a vida de seus filhos, um grupo de mútua-ajuda, um ideal, uma oração...).

Refletir sobre como nos relacionamos com a vida, nossa e coletiva, sobre nossas condutas, prioridades e sentimentos é interessante diante de uma doença aguda ou crônica. Há uma vasta bibliografia relacionando-os que pode auxiliar numa reflexão. De qualquer forma, crendo-se ou não naquelas relações, a doença é uma boa motivação para revermos nossos valores, e parece que isso pode ser um impulso natural, se considerarmos o quanto é comum alguém que superou uma doença grave relatar uma mudança na sua relação com a vida, nos seus valores e visão de mundo, visíveis em seu comportamento.

Se você sente necessidade de ser útil, procure agir norteado pelo Bem, seu e do próximo, isso o ajudará a sentir-se significativo, a expressar os seus potenciais inatos, a desenvolver a sua singularidade e originalidade e a encontrar um sentido na vida. Experimente. Servindo à sua vida, sirva à Vida; e servindo à Vida, sirva a si.

### RESUMO DAS PRINCIPAIS IDEIAS

✓ A função sentimento diz o **valor** de algo para a pessoa, ocasionando uma aceitação (do que dá prazer) ou uma rejeição (do que dá dor) subjetivas.

✓ O sentimento aparece no relacionamento do sujeito com algo.

- O sentimento revela: o que se passa no mundo interno (nos inseparáveis polos fisiológico e espiritual), os valores pessoais, a visão de mundo, complexos e, indiretamente, os aspectos da transformação necessária para a ampliação da consciência e desenvolvimento espiritual.
- Transmutar um sentimento é transformar a nós mesmos.
- Admitindo certo sentimento, podem-se investigar as motivações inconscientes (os valores pessoais, a visão de mundo e ocorrências passadas que compõem complexos ativados) nas quais ele se assenta.
- Negar ou reprimir um sentimento alimenta complexos e conflitos.
- É preciso assumir os sentimentos negativos para, a partir deles, se chegar ao polo oposto e integrá-los à consciência via relação com valores transcendentes.
- Na relação com o Bem ou o Amor pode-se vivenciar a totalidade encerrando um conflito e expandindo a consciência e pode-se ser mais fiel a si mesmo.
- Os sentimentos, sejam positivos ou negativos, são imprescindíveis para a vida de relação. É o direcionamento que damos a um sentimento que pode ser bom ou ruim.
- Sentimentos negativos = afastamento da homeostasia e da integridade (totalidade). Sentimentos positivos = homeostasia e integridade. → Há correspondência entre planos material (corpo) e imaterial do ser (psique).

✓ Haveria uma unidade da regulação homeostática psíquica e corporal.

✓ O instinto para a religiosidade impulsiona-nos a uma atitude religiosa, ou seja, de relação com valores transcendentes.

✓ Para a preservação da vida (valor biológico) apareceram os instintos, as emoções e os sentimentos. Por último surgiram os sentimentos sociais para a preservação da vida coletiva.

✓ Emoções e sentimentos sociais seriam ligados ao instinto para a religiosidade, o qual impulsiona o homem a colocar-se em relação com a totalidade da vida e a dar significado à sua existência.

✓ Valores transcendentes são necessários para estar-se em relação com a totalidade e, nessa relação, desenvolve-se a espiritualidade.

✓ A preservação da vida depende de valores materiais e de valores imateriais.

✓ Conduta Y→ prazer imediato → dor depois → repete a conduta Y → prazer → dor = ciclo vicioso → até mudar a conduta para uma virtuosa associada à ampliação da visão de mundo.

✓ Sentimentos mais nobres e o instinto para a religiosidade nos direcionam para uma relação com o Bem e, assim, com a unidade da vida/totalidade.

✓ Servir à totalidade = ser livre.

✓ Servir à totalidade = servir ao Bem e amar → Norteiam o desenvolvimento espiritual.

✓ Vida = valor espiritual.

- A preservação da vida em sua totalidade = valor biológico e espiritual. Matéria e espírito não são antagônicos.
- Instintos para a sobrevivência, como os da fome e da reprodução, devem estar em equilíbrio com o instinto para a religiosidade para preservar-se a vida materialmente enquanto se expande espiritualmente.
- A espiritualidade como sentido da vida realiza-se no corpo e na mente e na vida de relação. O espiritual está incorporado no físico.
- Corpo e mente como uma unidade.
- O significado (sentido) da existência é construído individualmente, dia a dia, manifestando-se em como se vive – em função de quê?
- Os sentimentos podem ser utilizados como um instrumento para a ampliação da personalidade junto à transformação moral.
- Hipótese de relação entre a conduta moral do indivíduo e sua saúde e doenças. Não a moral social, mas referente a uma integridade pela fidelidade a si mesmo.
- O desenvolvimento da consciência moral requer liberdade e responsabilização.
- Pode-se escutar os sentimentos a fim de utilizá-los para a renovação de valores e desenvolvimento espiritual.
- O estudo dos sentimentos conduz a ver-se a expressão da espiritualidade e o sentido da vida em servir ao Bem, aprender a Amar e Amar.

# 11
# Palavras finais

Chegado ao fim da leitura, espera-se que a sua relação com seus sentimentos tenha mudado ou, pelo menos, melhorado; que a sua capacidade de escutar os seus sentimentos tenha sido aprimorada e que seus sentimentos possam ser uma ferramenta para o autoconhecimento, a autorrealização, o desenvolvimento da consciência moral, a renovação de valores, a expressão da espiritualidade, a conquista do bem-estar e a preservação ou melhora da saúde.

Um melhor relacionamento com os sentimentos começa por habilitar-se a reconhecê-los, admiti-los e aceitá-los, por isso você deve ter notado que muitas das sugestões práticas tiveram esse fim. Outra mudança esperada é que você tenha passado a se ver como responsável por seus sentimentos e não as circunstâncias e os outros, para, aí sim, poder usá-los como fonte de aprendizado sobre si mesmo e de transformação.

Fundamentando-se em Jung e Damásio, demonstrou-se a importância de se assumir a responsabilidade pelos próprios sentimentos e de identificar os sentimentos presentes e melhor direcioná-los, tanto para favorecer o desenvolvimento espiritual quanto para uma boa saúde corpórea – aliás, essa separação entre o espiritual e o físico perde o sentido quando se estuda os sentimentos.

Com o exercício da humildade, honestidade e coragem, os sentimentos negativos deixam de ser temidos ou vistos como proibidos ou destrutivos em si mesmos, uma vez que é o não reconhecimento e conscientização deles que favorece a realização de seus potenciais destrutivos. Se forem admitidos e aceitos, eles podem, se for o caso, orientar na adaptação ao mundo e, estando conscientes, eles são despotencializados em relação a quando são inconscientes e autônomos e pode-se escolher o que se fazer com eles e, inclusive, investigar-se alguma fonte pretérita deles. Conscientes, tem-se a escolha de como melhor direcionar os sentimentos, de não ser reativo a eles e até de se desapegar deles.

Direcionando-se para o Bem, isto é, guiando-se pelo bem e aplicando-se a energia para o bem, este será o fruto, haja vista que a virtude ativa a área de recompensa e é acompanhada de melhor regulação homeostática. É oportuno lembrar que o desejo do bem (amar) deve começar por si próprio, uma vez que a benevolência consigo mesmo é necessária para o lado mal pessoal ser acolhido e integrado.

Os valores transcendentes, os quais são impalpáveis e não quantificáveis, adquirem relevância quando se pensa no ser espiritual que somos e a relação com eles permite que a espiritualidade desenvolva-se e conduza ao bem-estar individual e coletivo.

O ser humano dispõe de recursos para encontrar o bem-estar a partir de dentro. Ele pode advir de um processo de transformação íntima que, passando pelo conflito, leva à renovação dos valores pessoais, à mudança da visão de mundo para uma mais ampla e à expansão da consciência. Vivendo aqueles novos valores, contribui-se para a expansão da consciência coletiva. Na vida, a qual é de relação, transformando-se a si mesmo, transforma-se o mundo com que se relaciona.

Amar, desejar, ver e fazer o Bem (o que favorece a vida), colocando-se a serviço da Vida, ou seja, encontrando na própria Vida o seu sentido, são caminhos para tornar a vida individual significativa, porquanto possibilitam a expressão das potencialidades inatas e da singularidade pessoal.

AME, QUEIRA BEM PARA SE SENTIR BEM E RECEBER O BEM.

# Referências

ALCOÓLICOS ANÔNIMOS. *O texto básico para alcoólicos anônimos*. 3. ed. São Paulo: Claab, 1994. 197 p.

BENZECRY, D. *Drogadição, a recuperação em AA e NA e a espiritualidade*: à luz da psicologia de C.G. Jung. Rio de Janeiro: Ed. do Autor, 2010, 152 p.

BOECHAT, W. *A dança dos paradigmas e o Complexo Psicossomático* [Texto de seminário do Módulo Totalidade Corpo-Mente (I). Turma 2009 do IJRJ, em 12/5/2011].

_____. *O corpo psicoide* – A crise de paradigma e a relação corpo-mente. Rio de Janeiro: Uerj, 2004, 146 p. [Tese de doutorado].

CAMARGO, J. *Educação dos sentimentos*. 9. ed. Porto Alegre: Letras de Luz, 2009, 192 p.

DAMÁSIO, A. *E o cérebro criou o homem*. São Paulo: Companhia das Letras, 2011, 439 p. [Trad. de Laura Teixeira Motta].

_____. *Em busca de Espinosa* – Prazer e dor na ciência dos sentimentos. São Paulo: Companhia das Letras, 2004, 358 p. [Trad. de Laura Teixeira Motta].

EPSTEIN, G. *Imagens que curam* – Guia completo para a terapia pela imagem (*Healing visualizations*). Rio de Janeiro: Xenon, 1990, 240p. [Trad. de Celia Szterenfeld].

ESPÍRITO SANTO NETO, F. *Um modo de entender:* uma nova forma de viver – Pelo espírito Hammed. Catanduva: Boa Nova, 2004, 206 p.

_____. *As dores da alma* – Pelo espírito Hammed. Catanduva: Boa Nova, 1998, 212 p.

FRANCO, D. *Triunfo Pessoal* – Pelo espírito Joanna de Ângelis. 7. ed. Salvador: Alvorada, 2013, 185 p.

_____. *Encontro com a paz e a saúde* – Pelo espírito Joanna de Ângelis. 2. ed. Salvador: Alvorada, 2009, 216 p.

_____. *Em busca da verdade* – Pelo espírito Joanna de Ângelis. Salvador: Alvorada, 2009, 240 p.

FRANKL, V. *Em busca de sentido* – Um psicólogo no campo de concentração. 35. ed. São Leopoldo/Petrópolis: Sinodal/Vozes, 2008, 182 p. [Trad. de Walter O. Schulupp e Carlos C. Aveline; Rev. téc. de Helga H. Reinhhold].

GOLEMAN, D. *Como lidar com emoções destrutivas*: para viver em paz com você e com os outros. Rio de Janeiro: Campos, 2003, 390 p. [Diálogo com a contribuição do Dalai Lama. Narrado por Daniel Goleman, com a contribuição de Richard J. Davidson et al.] [Trad. de Jussara Simões].

_____. *Inteligência Emocional*. Rio de Janeiro: Objetiva, 1995, 375 p. [Trad. de Marcos Santarrita].

HAHNEMANN, S. *Organon da arte de curar*. 6. ed. São Paulo: Robe, 1996, 248 p. [Trad. de Edmea Maturano Villela e Izao Carneiro Soares].

HILLMAN, J. "A função sentimento". In: FRANZ, M.L. & HILLMAN, J. *A tipologia de Jung*. 7. ed. São Paulo: Cultrix, 2010, 219 p. [Trad. de Ana Cândida Pellegrini Marcelo, Wilma Raspanti Pellegrini e Adail Ubirajara Sobral].

JAFFE, A. et al. *A morte à luz da psicologia*. 10. ed. São Paulo: Cultrix, 1995, 109 p. [Trad. de Alayde Mutzenbecher].

JUNG, C.G. OC, vol. 6 – *Tipos psicológicos*. 2. ed. Petrópolis: Vozes, 2008, 558 p. [Trad. de Lúcia Mathilde Endlich Orth].

_____. OC, vol. 7/2 – *O Eu e o inconsciente*. 9. ed. Petrópolis: Vozes, 1987, 166 p. [Trad. de Dora Ferreira da Silva].

_____. OC, vol. 8/2 – *A natureza da psique*. 6. ed. Petrópolis: Vozes, 2000, 410 p. [Trad. de Dom Mateus Ramalho Rocha].

_____. OC, vol. 9/1 – *Os arquétipos e o inconsciente coletivo*. 5. ed. Petrópolis: Vozes, 2007. 447 p. [Trad. de Maria Luiza Appy e Dora Ferreira da Silva].

_____. OC, vol. 9/2 – *Aion*: Estudos sobre o simbolismo do Si-mesmo. 6. ed. Petrópolis: Vozes, 2000, 317 p. [Trad. de Dom Mateus Ramalho Rocha].

_____. OC, vol. 10/1 – *Presente e futuro*. 3. ed. Petrópolis: Vozes, 1991, 56 p. [Trad. de Márcia C. de Sá Cavalcante].

_____. OC, vol. 10/2 – *Aspectos do drama contemporâneo*. Petrópolis: Vozes, 1988 96p. [Trad. de Márcia C. de Sá Cavalcante].

_____. OC, vol. 10/3 – *Civilização em transição*. 3. ed. Petrópolis: Vozes, 2007, 242 p. [Trad. de Lúcia Mathilde Endlich Orth].

_____. OC, vol. 11 – *Psicologia da religião ocidental e oriental*. 3. ed. Petrópolis: Vozes, 1988. 698 p. [Trad. de Dom Mateus Ramalho Rocha].

_____. OC, vol. 12 – *Psicologia e alquimia*. 4. ed. Petrópolis: Vozes, 1987, 566 p. [Trad. de Dora Ferreira da Silva].

_____. OC, vol. 14/2 – *Mysterium coniunctionis*. Petrópolis: Vozes, 1990, 429 p. [Trad. de Valdemar do Amaral].

_____. OC, vol. 16/1 – *A prática da psicoterapia*. 10. ed. Petrópolis: Vozes, 2007, 128 p. [Trad. de Maria Luiza Appy].

_____. OC, vol. 16/2 – *Ab-reação, análise dos sonhos, transferência*. 5. ed. Petrópolis: Vozes, 2007, 219 p. [Trad. de Maria Luiza Appy].

_____. OC, vol. 17 – *O desenvolvimento da personalidade*. 10. ed. Petrópolis: Vozes, 2008, 232 p. [Trad. de Dora Ferreira da Silva].

_____. OC, vol. 18/1 – *Fundamentos da psicologia analítica*. 3. ed. Petrópolis: Vozes, 1985, 177 p. [Trad. de Araceli Elman].

_____. OC, vol. 18/2 – *A vida simbólica*. 2. ed. Petrópolis: Vozes, 1998, 472 p. [Trad. de Edgar Orth].

_____. *Seminários sobre psicologia analítica* (1925). Petrópolis: Vozes, 2014, 222 p. [Ed. or. de Wiliam McGuire; Ed. rev. de Sonu Shamdasani] [Trad. de Gentil Avelino Titton].

_____. *Sobre sentimentos e a sombra* – Sessões de perguntas de Winterthur. Petrópolis: Vozes, 2014, 79 p. [Trad. de Lorena Richter].

_____. *Cartas de C.G. Jung, 1906-1945*. Vol. I. 2. ed. Petrópolis: Vozes, 2002, 439 p. [Ed. de Aniela Jaffé; Trad. de Edgard Orth].

KUSHNER, H. *Quem precisa de Deus*. Rio de Janeiro: Imago, 1991, 200 p. [Trad. de Rosa Maria de Godoy Bergallo].

LELOUP, J.Y. *O corpo e seus símbolos* – Uma antropologia essencial. 6. ed. Petrópolis: Vozes, 1998. 133 p.

LELOUP, J.Y. & HENNEZEL, M. *A arte de morrer*. 6. ed. Petrópolis: Vozes, 2003, 143 p. [Trad. de Guilherme João de Freitas Teixeira].

LUCCHESI, M. (org.). *A sombra do amado* – Poemas de Rûmi. Rio de Janeiro: Fisus, 2000, 135 p. [Trad. de Marco Lucchesi e Luciana Persice].

MONTEIRO, D.M.R. (org.). *Espiritualidade e finitude*: Aspectos psicológicos. São Paulo: Paulus, 2006, 349 p.

SCHARTZ, M. *Lições sobre amar e viver*. 3. ed. Rio de Janeiro: Sextante, 2005, 89 p. [Trad. de Waldéa Barcellos].

"Spiritus contra spiritum – A correspondência entre Bill Wilson e C.G. Jung". *Rev. Junguiana*, n. 12, 1994, p. 10-13 [Trad. de Liliana Liviano Wahba].

*Torá:* A lei de Moisés. 2. ed. São Paulo: Sêfer, 2001, 669 p. [Trad. de Meir Matzliah Melamed].

VISCOTT, D. *A linguagem dos sentimentos*. São Paulo: Summus, 1982, 135 p. [Trad. de Luiz Roberto S.S. Malta].

WIESEL, E. *As portas da floresta*. Rio de Janeiro: Guanabara Koogan, 1991, 223 p. [Trad. de Vera Mourão].

ZOJA, L. *Nascer não basta* – Iniciação e toxicodependência. São Paulo: Axis Mundi, 1992, 150 p. [Trad. de Roberto Leal Ferreira].

## CULTURAL

Administração
Antropologia
Biografias
Comunicação
Dinâmicas e Jogos
Ecologia e Meio Ambiente
Educação e Pedagogia
Filosofia
História
Letras e Literatura
Obras de referência
Política
Psicologia
Saúde e Nutrição
Serviço Social e Trabalho
Sociologia

## CATEQUÉTICO PASTORAL

**Catequese**
Geral
Crisma
Primeira Eucaristia

**Pastoral**
Geral
Sacramental
Familiar
Social
Ensino Religioso Escolar

## TEOLÓGICO ESPIRITUAL

Biografias
Devocionários
Espiritualidade e Mística
Espiritualidade Mariana
Franciscanismo
Autoconhecimento
Liturgia
Obras de referência
Sagrada Escritura e Livros Apócrifos

**Teologia**
Bíblica
Histórica
Prática
Sistemática

## REVISTAS

Concilium
Estudos Bíblicos
Grande Sinal
REB (Revista Eclesiástica Brasileira)
SEDOC (Serviço de Documentação)

## VOZES NOBILIS

Uma linha editorial especial, com importantes autores, alto valor agregado e qualidade superior.

## VOZES DE BOLSO

Obras clássicas de Ciências Humanas em formato de bolso.

## PRODUTOS SAZONAIS

Folhinha do Sagrado Coração de Jesus
Calendário de mesa do Sagrado Coração de Jesus
Agenda do Sagrado Coração de Jesus
Almanaque Santo Antônio
Agendinha
Diário Vozes
Meditações para o dia a dia
Encontro diário com Deus
Guia Litúrgico

CADASTRE-SE
**www.vozes.com.br**

**EDITORA VOZES LTDA.**
Rua Frei Luís, 100 – Centro – Cep 25689-900 – Petrópolis, RJ
Tel.: (24) 2233-9000 – Fax: (24) 2231-4676 – E-mail: vendas@vozes.com.br

UNIDADES NO BRASIL: Belo Horizonte, MG – Brasília, DF – Campinas, SP – Cuiabá, MT
Curitiba, PR – Florianópolis, SC – Fortaleza, CE – Goiânia, GO – Juiz de Fora, MG
Manaus, AM – Petrópolis, RJ – Porto Alegre, RS – Recife, PE – Rio de Janeiro, RJ
Salvador, BA – São Paulo, SP